Alles ist Spaß auf Erden,
Der Mensch ein geborener Tor;
Und glauben wir weise zu werden,
Sind dümmer wir als zuvor.

Lauter Gefoppte! Weil Einer
Den Andern zum Narren macht.
Doch besser fürwahr lacht Keiner
Als wer am Ende lacht.

(Schlusschor aus der Oper „Falstaff"
von Giuseppe Verdi
Libretto: Arrigo Boito)

inhalt

Liebe Leserinnen und Leser,

Humor und Lachen haben viele heilsame Funktionen, das zeigt uns dieses Heft eindrücklich: Sie bauen Tabus, Grenzen und Spannungen ab, mildern Konflikte, reduzieren Aggressionen, Angst und Scham, stimmen versöhnlich, befreien gehemmte Energie, stärken die Immunabwehr, verringern Schmerzen, schenken Freude, Hoffnung und Vertrauen, fördern Beziehungen, vermitteln ein Gefühl von Gemeinschaft und Zusammengehörigkeit.

Schopenhauer ging sogar so weit zu sagen, dass der Sinn für Humor die einzig göttliche Qualität des Menschen sei. Humor und die Fähigkeit, sich selbst nicht mehr so „ernst" zu nehmen, sind also wahrhaft „reife" Leistungen, und sie stehen nach Heinz Kohuts Auffassung in enger Beziehung zu Empathie, Weisheit und Kreativität.

Bei all diesen vielen Vorzügen fragt sich: Warum machen wir nicht mehr Gebrauch davon? Vielleicht, weil die „Fähigkeit und Bereitschaft, auf bestimmte Dinge heiter und gelassen zu reagieren", wie der Duden den Humor definiert, von uns doch auch eine beträchtliche Auseinandersetzung und Versöhnung mit unserem Schatten, unserem Narzissmus und unseren unbewussten Komplexfeldern fordert. Es ist bei vielen Peinlichkeiten und Missgeschicken des Lebens ja gar nicht leicht, „trotzdem" zu lachen, wie es die genial-einfache Formulierung des Schriftstellers Otto Julius Bierbaum auf den Punkt bringt, nach der *„Humor ist, wenn man trotzdem lacht"*.

Humor (lat. humores: Feuchtigkeiten, Körpersäfte, der besondere Saft des Sanguinikers, d. h. des lebensfrohen und heißblütigen Menschen) und Lachen (mhd: lahan, lautmalendes Wort, ähnlich haha) begegnen uns in ganz verschiedenen Erscheinungsformen und stellen eine besondere Verbindung körperlicher Bereitschaften und kognitiver und emotionaler Fähigkeiten dar.

Evolutionär betrachtet ist Lachen dem Zähnefletschen verwandt, kann also durchaus auch drohend oder abschreckend eingesetzt werden. Werner Finck meinte: „Lächeln ist die eleganteste Art, seinem Gegner die Zähne zu zeigen." Innerhalb einer Gruppe signalisiert das Lachen auch Macht und Stärke: Jemand nimmt seine Position als gleichberechtigtes oder als überlegenes Mitglied ein. Nach außen gerichtet kann das Lachen einer Gruppe ebenso als Waffe verwendet werden wie auch als Einladung zur Annäherung, zur Vertrauensbildung. Abgemilderte, vorsichtigere, leichtere Formen des Lachens finden wir im Lächeln und im eher stillen Schmunzeln.

Echtes Lachen ist das natürliche und gesunde Verhalten von Menschen auf lustige, komische, humorvolle Situationen. Rein physiologisch gesehen ist Lachen ein Reflex, eine unwillkürliche Bewegung des Atems und der Gesichtsmuskeln und kann den ganzen Körper in unkontrollierbarer Weise erfassen: Wir können herzhaft lachen, aus vollem Hals, bekommen einen Lachanfall/Lachkrampf, brechen in Gelächter/Lachen aus, prusten oder wiehern, lachen uns schief, krumm, krank und kaputt oder gar tot. Wir lachen Tränen, weinen vor Lachen, schütteln uns, halten uns den Bauch oder können uns gar nicht mehr halten vor lachen. Jugendliche „lollen" oder machen sich „lollig" (lol = Netzjargon für „laughing out loud"). Ekstatisches Lachen ist Zeichen eines psychischen Ausnahmezustandes, der umschlagen kann, z. B. in ein dämonisches oder in ein irres Lachen.

In Beziehung und Miteinander bedeutet Lachen und Lächeln zunächst, dass Sympathie und Einverständnis zwischen zwei Menschen besteht. Das erste Lächeln, auch soziales Lächeln und Dreimonatslächeln genannt, signalisiert, dass der Säugling seine Bezugspersonen wiedererkennt. Das Lächeln und das Lachen, so wird schon hier spürbar, ermöglichen Beziehungsaufnahme und Sympathie. Es kann körperlicher und emotionaler Ausdruck des Wohlbefindens, der Heiterkeit und Freude, des Glücks sein, und es kann anstecken; es stimmt das Gegenüber positiv und kann beschwichtigend auf negative Affekte des Gegenübers wirken. Schon bald folgt dem sozialen Lächeln das intensive Lachen des Säuglings als Reaktion auf angenehme, lustvolle Reize.

Allerdings ist Lachen auch bis zu einem gewissen Grad kontrollierbar, produzierbar, zur

Abwehr von Konflikten und Tabus und als Waffe zu verwenden. Wir können Lachen zurückhalten, unterdrücken, verbeißen, ein Lachen oder Lächeln aufsetzen, jemanden belächeln, ver- oder auslachen, uns lächerlich über jemanden machen, grinsen, feixen, jemandem das Gefühl geben, eine „Lachnummer" zu sein.

Eine „Lachnummer" zu sein, wie die aktuelle Ausgabe unseres Jung-Journals diesmal mehrdeutig betitelt ist, wird für den Betroffenen in der Regel als wenig erfreulich erlebt. „Wer den Schaden hat, braucht für den Spott nicht zu sorgen" oder „Schadenfreude ist die schönste Freude" sagt die sprichwörtliche Lebensweisheit. Zur Zielscheibe von aggressivem Humor, Gelächter, Hohn und Spott zu werden, ist für uns erniedrigend, beschämend, ja sogar traumatisierend und kann unser weiteres Leben tiefgreifend beeinflussen. „Aus"-gelacht zu werden bedeutet, aus der Gemeinschaft ausgegrenzt, als dumm, ungeschickt, hässlich und inkompetent hingestellt und – zumindest kurzzeitig – in die Einsamkeit verbannt zu werden. Viele Kinder können von solchen Erfahrungen aus der Kindergarten- und Schulzeit berichten, die dann noch besonders beschämend waren, wenn die Erwachsenen nicht schützend eingegriffen, sondern sich an der Demütigung beteiligt oder sie gar ausgelöst haben.

Aber auch Politiker, Menschen in Führungspositionen und „Stars" müssen in dieser Hinsicht viel aushalten, ein „dickes Fell" entwickeln, „trotzdem lachen", sich zum Lachen zwingen oder Tranquilizer nehmen. In den Medien, in Cartoons, in Kabarett und Comedy, in Karneval und Witzen bekommen sie oft das Lachen oder Gelächter als die Rache des „kleinen Mannes" gegen die Erfolgreichen und Mächtigen zu spüren. Sie werden in ihren Schwachstellen, Fehlleistungen und Schattenseiten imitiert, parodiert, kritisiert, ausgelacht und „heruntergemacht" und müssen lernen, damit zu leben.

Neid, Missgunst und Aggression bei ihren Mitmenschen auszulösen, ist wohl die unvermeidliche Kehrseite ihrer Bekanntheit, ihres Reichtums und ihrer Macht. „Der Neid ist die

aufrichtigste Form der Anerkennung", meint Wilhelm Busch. Diese Einsicht mag den Ausgelachten als Trost zwar hilfreich sein, manche aber sind auch an der Grausamkeit des Spotts ihrer Mitmenschen zerbrochen.

Andererseits: Wenn die Mächtigen „keinen Spaß mehr verstehen", wenn über sie nicht mehr gelacht werden darf, dann ist eine gesellschaftliche oder politische Struktur so verhärtet, dass nur noch eine größere Krise oder gar der Zusammenbruch des Systems eine notwendige Veränderung herbeiführen können.

Die Funktion der Hofnarren im Mittelalter, die die „Narrenfreiheit" zu offener Kritik besaßen, oder vergleichbarer heutiger Gestalten in Kabarett und Comedy, war und ist „sozial-psychohygienisch" sehr wichtig, weil sie die aggressiven Spannungen, die zwischen „Oben" und „Unten" herrschen, kanalisieren und zum Teil ent-spannen und regulieren können.

Vergleichbare Konflikte zwischen „Oben" und „Unten", finden sich natürlich genauso in uns selber. Auch wir haben verhärtete Strukturen, Einstellungen, Meinungen, Werte, Glaubenssätze und Ideologien, bei denen wir sehr humorlos reagieren können, wenn Witze oder ironische Anspielungen darauf gemacht werden. Auch wir unterdrücken, verurteilen und bestrafen unsere spontanen, vitalen, archaisch-anarchistischen, triebhaften Anteile oft mit tyrannischer Härte. Und wenn dann solche unserer „Komplexe" oder peinlichen Schattenseiten angesprochen werden, vergeht uns schnell das Lachen, dann werden wir plötzlich humorlos, ernst, formal und prinzipiell.

„Der Flirt zwischen Himmel und Erde", wie er im nachfolgenden Aufsatz so schön genannt wird, gelingt dann nicht. Hinter solchen plötzlich bei uns auftretenden Verstimmungen, Verspannungen und Versteinerungen stehen oft alte beschämende Erfahrungen, Verwundungen und Verletzungen, narzisstische Kränkungen, aber eben auch heimliche Schattenseiten, die nicht hinterfragt und belächelt werden dürfen.

Wahrscheinlich auch aus diesen Gründen haben sich Tiefenpsychologie und Psychotherapie in ihren Anfangszeiten nur wenig und eher kritisch mit der Frage beschäftigt, ob und wie Humor und Lachen therapeutisch genutzt werden können. Die therapeutische Situation ist kein Ort ausgelassener Heiterkeit. Wir haben es meist mit leidvollen und konfliktreichen Erfahrungen zu tun, und es hat ja psychodynamisch seine guten Gründe, warum wir bestimmte Aspekte von uns unterdrücken und verdrängen mussten.

Oft befürchten Klienten und Patienten auch, gerade wegen ihrer Schwächen, Fehler, Merkwürdigkeiten und Eigenarten belächelt oder ausgelacht zu werden. Sie können dann selbst eine gut gemeinte Ironie oder humorvolle Bemerkung nicht gut vertragen. Sie lachen vordergründig vielleicht mit, fühlen sich aber eigentlich gekränkt und nicht wirklich ernst genommen. Zudem haben viele Menschen gelernt, „gute Miene" zum „bösen Spiel" zu machen und zu lächeln, wo es ihnen eigentlich weh tut:

Immer nur lächeln und immer vergnügt, immer zufrieden, wie's immer sich fügt. Lächeln trotz Weh' und tausend Schmerzen, doch wie's da drin aussieht, geht niemand etwas an (aus der Operette „Land des Lächelns" von Franz Lehár).

So müssen Trauer, Scham und Schmerzen oft erst richtig gefühlt und bewusst werden, bevor die befreiten Strahlen eines wahrhaften Lächelns hinter den Tränen hervorbrechen können.

C. G. Jung wird zwar ein besonderer Sinn für Humor und ein beeindruckendes Lachen attestiert, aber in seinen Werken findet man darüber wenig, wenn man mal von dem Aufsatz über den „Trickster-Archetyp" absieht, der auch nicht besonders heiter geschrieben ist. Dabei hätten nicht nur diese archetypische Gestalt, sondern die ganze Komplex- und Archetypentheorie, die Persona-Schatten-Thematik und weitere der symbolischen Figuren, wie die Baubo, der Narr, der Grenzgänger Hermes, der sinnliche Dionysos oder auch das „Innere Kind" durchaus wertvolle Beiträge zu einer Theorie des Lachens, des Witzes und des Humors liefern können. Aber möglicherweise

war dieses Thema für damalige Zeiten schon genügend in den immer noch lesenswerten Aufsätzen von Freud über die Fehlleistungen, den Witz und den Humor abgehandelt worden? Apropos Psychoanalyse: Wie finden Sie den folgenden Witz?

Der kleine Jonny wacht in der Nacht auf und muss Pipi machen. Um zur Toilette zu kommen, muss er durch das Schlafzimmer seiner Eltern laufen, wo seine Eltern gerade bei einem leidenschaftlichen Verkehr in 69-Stellung beschäftigt sind. Der kleine Jonny schaut kurz zu, geht weiter zum Badezimmer und meint kopfschüttelnd zu sich selbst: „Und mich schleppen sie zum Therapeuten, bloß weil ich Daumen lutsche!"

Dieser Witz, mutig erzählt von dem berühmten Psychoanalytiker Otto Kernberg (Einleitung des in diesem Heft auf S. 98 rezensierten Buches), berührt eine ganze Reihe unserer sexuellen Tabus und belegt Freuds Grundannahme, dass Witze unterdrückte ödipale Konflikte, sadistische und autoaggressive Tendenzen, narzisstische Selbstbestätigung und polymorphe infantile Sexualität ausdrücken können.

Wenn wir über diesen Witz lachen konnten, zeigt es an, dass wir die in dem Witz berührten Komplexfelder kennen, einigermaßen bewältigt haben und auch einige der damit verbundenen Trieb- und Konfliktspannungen durch Lachen „entladen" konnten. Wenn wir wenig darüber lachen können, können wir uns fragen, weshalb, und wenn wir ganz viel darüber lachen mussten, können wir uns auch fragen, weshalb. So sind Witze, die wir gar nicht mögen und solche, die wir besonders mögen, eine gute Hilfe zur Selbsterkenntnis und zur Befreiung von allzu engen inneren Tabus und Begrenzungen. Grund genug, dieses Heft genau und sorgsam zu lesen und gut auf die inneren Reaktionen zu achten. Und wenn uns an der einen oder anderen Stelle doch „das Lachen vergehen" sollte, können wir uns immer noch jener „gelassenen Heiterkeit" erinnern, die wir Ihnen und uns herzlich wünschen!

Ihre Lutz und Anette Müller

Narren, Weise und andere „Freaks" (1)

Hermes-Mercurius -
der trickreiche Seelenführer zwischen den Welten

Viele komische Figuren, listige Schelme, Gaukler, Taschenspieler, Seiltänzer, Zauberkünstler, Clowns, Komiker, Freaks, Ausgeflippte, Verrückte, auch die Pechvögel, Betrüger und Betrogene lassen sich psycho-mythologisch ins Umfeld des griechisch-römischen Gottes Hermes-Mercurius, den Götterboten, einordnen. Dieser ist aber nicht nur der Beschützer dieser Menschen, sondern, als Herr der Wege, auch der Begleiter aller derjenigen, die viel unterwegs sind, wie z. B. Reisende, Kaufleute, Politiker, Botschafter, Mediatoren und natürlich Psychotherapeuten, den Innenweltreisenden und Vermittlern zwischen den vielen Aspekten der Psyche. Seine Attribute sind die gefügelten Schuhe, der geflügelte Helm und der traumbringende Caduceus, der Zauberstab mit den ihn umwindenden Schlangen. Manchmal wird Hermes auch mit einem Phallus dargestellt, was auf seine triebhaft-schöpferischen Qualitäten hinweist. Zusammen mit Aphrodite zeugt er den doppelgeschlechtlichen „Hermaphroditen".

Hermes ist entfernt vergleichbar mit Loki in der germanischen und mit Eshu in der afrikanischen Mythologie.

Wo das Mercuriale plötzlich erscheint, erzeugt es meist Überraschung, Erstaunen, Irritation, Angst oder Freude, Weinen oder Lachen. Es geht dann nicht mehr mit „rechten" Dingen zu – „recht" im Sinne der bisherigen, für richtig gehaltenen Bewusstseinsorientierung und -ordnung –, man weiß nicht mehr, woran man eigentlich ist, man verliert seine Fassung, den Boden unter den Füßen, kurz: das bestehende Bewusstseinssystem wird in Frage gestellt und ver-rückt.

Hermes hält uns gern zum Narren, was er der Mythologie nach schon sehr früh auch mit seinem Bruder Apollon gemacht hat. Er ist ein Grenzenüberschreiter und hält sich gern dort auf, wo „Borderline"-Zustände herrschen, wo

Hermes, wie er von der Merkursäule bei der „Alten Kanzlei" in Stuttgart in Richtung Schlossplatz fliegt.
Ludwig Hofer (1801–1887); Foto: Andreas Praefcke, 2006

es um Auflösung, Umkehr und Wandlung geht. Sein Lebensbereich ist das Zwielichtige, Nebelhafte, Dunkle, Ungewisse, Vieldeutige und sein Hauptcharakteristikum ist seine Gegensatz- bzw. polare Natur. Durch diese Paradoxität überschreitet und durchbricht er jedes festgelegte, eindeutige und damit einseitige System, sei es nun ein Bewusstseins-, ein Normen- oder ein Gesellschaftssystem.

Psychologisch ist Hermes gekennzeichnet durch seine Nähe zu unbewussten Regulationsvorgängen, zum Selbst, der polar-paradoxen Ganzheit des Menschen und vermag von daher die Spaltungstendenzen aufzuheben, indem er das Oberste mit dem Untersten, das Ich mit dem Selbst, das Weibliche mit

Dionysos. Pieter Paul Rubens, ca. 1638

dem Männlichen, das Gute mit dem Bösen, das Leben mit dem Tod, den Sinn mit dem Unsinn und die Wahrheit mit der Täuschung verbindet. Deshalb wird er je nach Einstellung des Ich-Bewusstseins als positiv oder negativ erlebt.

Die Analytische Psychologie ließe sich in vieler Hinsicht als hermetisch-mercurial bezeichnen. So entsprechen die zentralen theoretischen Grundpositionen, wie die Polarität des Psychischen, die Bedeutsamkeit des Symbols und der transzendenten Funktion, die Wandlungsstrebigkeit der Seele, die Gegensatzvereinigung und die weiblich-männliche Ganzheit des Selbst den symbolischen Aspekten des Hermes. Und in der Alchemie, in der Jung enge vorwissenschaftliche Parallelen zum Individuationsprozess sah, spielt Hermes eine zentrale Rolle als Wandlungssubstanz, als Anfang und Ziel des Prozesses wie auch als dessen Begleiter.

Eine weitere Gestalt der griechischen Mythologie gehört in den Bereich der grenzenüberschreitenden Götter: Dionysos, römisch Bacchus, der Gott des Weines, der Freude und Ekstase, des Rausches, der Sinnlichkeit und Fruchtbarkeit und des alle Formen sprengenden Lebens- und Schöpfungsdranges. Er

wird oft auch phallisch dargestellt, ist umgeben von trunkenen Satyrn und Mänaden, und sie feiern zusammen ausschweifende Orgien.

Die antike Komödie (griech. komos, singender Umzug, Lustspiel, vgl. auch Komik) wurzelt möglicherweise auch im Dionysos-Kult. Die Figuren der Komödie waren nicht Götter, Adlige und Herren wie in der Tragödie, sondern die einfachen Menschen. In Rom wurden z. B. die Komödien von Plautus sehr beliebt. Er entwickelte die Figur des Mannes aus dem Volk, der sich mit List, Witz, Schelmereien und Betrug gegen die „oberen" Herren durchsetzen konnte. Falstaff und andere shakespearsche Narren haben hier ihr Vorbild, auch die Commedia dell'arte griff auf die antiken Stücke zurück.

Eine lebensfrohe, lachende und listige weibliche Gestalt findet sich im Zusammenhang mit dem Demeter-Mythos. Baubo (Schoß, Vulva, Gebärmutter), die man auch als Schattenseite der Fruchtbarkeitsgöttin Demeter sehen kann, treibt Scherze

Baubofigur, Terrakotta
Priene, 5. Jh. v. Chr.

mit der um ihre Tochter trauernden Demeter und zeigt ihr schließlich ihre entblößte Vulva, worauf Demeter lachen muss. Der depressive Bann ist gebrochen, und die Natur erwacht zu neuem Leben. Die „schamlose" Geste der Baubo kann auch als Parallele zur Präsentation des Phallus im Kult des Dionysos verstanden werden. Sie betont die schöpferische Kraft des Weiblichen, dessen Lebendigkeit und Fruchtbarkeit.

Gesten und Anspielungen auf die unteren Funktionen unseres Körpers gehören dementsprechend bis heute zum Standard-Repertoire aller Narren, Humoristen und Comedians.

Witz und Lachen

Vom Flirt zwischen Himmel und Erde

Sigrid Voss

Witz im Spannungsbogen von Himmel und Erde, geht das? Kennen Sie den? Vielleicht kann ich Ihr Lachen gewinnen.

Es war um eine jener Weihnachtszeiten zwischen den Jahren. Maria und Josef klopfen an die Tür der Herberge und bitten um Quartier. „Kein Platz", sagt der Wirt barsch. „Hören Sie mal", sagt Josef, „meine Frau ist hochschwanger und kann jeden Augenblick niederkommen!" „Da kann ich doch nichts dafür!" Darauf Josef: „Ich etwa?"

Was haben Sie gerade erlebt? Die zu allen Zeiten liebevoll ausgespielte Weihnachtsgeschichte: Maria und Josef auf Herbergssuche – der abweisende Herbergswirt, der fürsorgliche Josef – da baut sich Spannung auf, welche aber nun, anders als erwartet, gelöst wird. Das bekannte Motiv gerät in einen völlig neuen Zusammenhang, erhält eine überraschende Pointe.

Mädchen am Fenster, Bartolomé Esteban Murillo, 1618-1682
National Gallery of Art, Washington (D.C.)

Konnte Sie dieser kleine nachweihnachtliche Witz zum Schmunzeln und kurzem Auflachen verführen? Lachen ist körperlich empirisch erfassbar. Mit krampfhafter Kontraktion der Gesichtsmuskulatur und ruckartiger Entspannung des Zwerchfells hätten Sie somit reflexartig geantwortet. Unerwartet musste Ihr Gehirn die Bühne des Krippenspiels verlassen und sich auf den frivolen Umgang mit der Jungfrauengeburt einstellen. Eine geistige Hochleistung, und da hat Ihr Organismus automatisch reagiert.

Diese Erkenntnis käme fast auch einer Pointe gleich. Der Kopf arbeitet schwer, um dem Körper eine lustvolle Entspannung zu gönnen. „Ha, ha," ist ein Atemphänomen, es bricht aus der Brust, erschüttert das Zwerchfell, die

Witz und Lachen – der schöpferische Sprung in eine andere Sicht von Realität

Ich mache einen Schritt in die philosophische Anthropologie. Die Philosophen Max Scheler (1874 – 1928) und Helmuth Plessner (1892 – 1985) begründeten in der ersten Hälfte des 20. Jahrhunderts diese neue philosophische Disziplin. Hier wird das Wesen des Menschen unter Einbeziehung der empirischen Humanwissenschaften als eine Einheit von Weltgebundenheit und Weltoffenheit dargestellt. Eine These Schelers im Blick auf unser Thema lautet: Der Mensch ist ein Körper, und er hat einen Körper. Mit ersterem ist er dem Tier verwandt – das waren Ihre Lachreflexe – und mit letzterem hat er seinen Körper als etwas, von dem er sich subjektiv distanzieren kann – Sie wussten sofort, warum Sie lachten! (Scheler, 1928)

In seiner Abhandlung „Lachen und Weinen" greift Plessner eine wichtige These Schelers auf und sagt weiterführend: Weil der Mensch seinen Körper sowohl als Zustand als auch als Objekt wahrnehmen kann, steht er zu diesem in Distanz. Plessner spricht darum von der exzentrischen Position des Menschen. Mit dieser kann der Mensch mehrfache Wirklichkeitserfahrungen machen. Und werden diese diversen Wirklichkeiten widersprüchlich, wird es komisch. Komik hat mit Widersprüchlichkeit zu tun. Nimmt man diese wahr, muss man lachen. Die Inhalte der Komik sind zeit - und sozialgebunden, aber die Möglichkeit, Widersprüchlichkeit in eigenen Wirklichkeiten wahrzunehmen, das ist eine konstante anthropologische Realität.

Plessner beschreibt diese ganzen Zusammenhänge allerdings auch als ein prekäres Gleichgewicht des Menschen zu seinem Körper. Im komischen Lachen, wie auch im Weinen, bricht dieses Gleichgewicht zusammen. „Lachend und weinend ist der Mensch das Opfer seines Geistes." Sie hören einen Witz, kapieren die Pointe, lachen und hatten für einen kurzen Augenblick nicht Ihren Körper, sondern Sie waren Ihr Körper.

Der lachende Mensch, der homo ridens, ist also ein erstaunliches Artefakt, weil sich

Apollon. Bruder des Hermes, Gott des Lichtes, der Vernunft, Form und Ordnung wird spätestens seit Nietzsche gern in einen Gegensatz gestellt zu Dionysos.
Die Spannung dieser beiden Prinzipien wird oft zum Gegenstand von Witzen und Komödien. (Abb. Kopie einer antiken Skulptur im Drottningholm Palace garden, Stockholm)

Einatmung wird vertieft und die Ausatmung verkürzt, aber gleichzeitig intensiviert, Lunge und Gehirn werden reichlich mit Sauerstoff versorgt, der Blutdruck steigt, dann sinkt er, Endorphine werden freigesetzt. Und darum lachen wir gern über Witze.

in ihm einerseits das, was tierischen Charakter hat, der Reflex, so intensiv verbindet mit dem, was andererseits am weitesten vom Tier entfernt ist, nämlich mit dem menschlichen Geist. Der Geist hat die Materie berührt und in Schwingung versetzt. Ich möchte es den Flirt zwischen oben und unten, zwischen Himmel und Erde nennen. Der Flirt, das Flirrende in den Witzen setzt sich zusammen aus lauter glitzernden Punkten, den Pointen – z. B. in diesem Witz aus den Anfängen der Psychoanalyse:

Zwei Wienerinnen aus guter Gesellschaft unterhalten sich. Sagt die eine: „Mein Sohn macht eine Psychoanalyse. Er hat scheint's einen Ödipuskomplex". „Ach was", sagt die andere „Hauptsache, er hat seine Mutter lieb!"

Komplex contra Abwehr. Hier werden zwei in sich konsistente, aber ansonsten inkompatible Systeme ineinander verschoben. Dies erzählend zu erfinden, erfordert kreative Energie, nichtsdestoweniger aber ebensolche Kreativität vom Zuhörer, der versteht. Er muss beide Systeme, für einen kurzen Augenblick übereinander gelegt, erfassen. Die Pointe macht es diesen einen komischen Augenblick lang möglich, dass die Forderung nach Auflösung des Komplexes und deren Gegenteil – das Festhalten an der Abwehr – nebeneinander erscheinen dürfen.

Die Widersprüchlichkeit kann übrigens auch in winzigen Nuancen liegen:

Der alte Abraham hat die wunderschöne junge Rachel geheiratet. Nun ist sie schwanger. Kommt er zu Rabbi Alechem: „Ist's möglich, dass Rachel bekommt e Kind von mir?" Darauf Alechem: „Ist's Kind von dir, ist's e Wunder!!! – Ist's Kind nicht von dir, ist's e Wunder???

Der Pointe wurde nicht immer der angemessene Wert zuerkannt. Immanuel Kant z. B. verstand das Lachen über Witze als Reaktion, als „von etwas Widersinnigem erregt, als einen Affekt aus der plötzlichen Verwandlung einer gespannten Erwartung in nichts." Dann wäre die Pointe nach Kants Auffassung der Punkt, in dem die Erwartung in nichts zusammenfällt.

Anders Jean Paul: In seiner „Vorschule der Ästhetik" (1804), hält er dagegen, das Komische trete möglicherweise auch im umgekehrten Fall auf, wenn nämlich plötzlich aus nichts etwas entstehe.

Witz und Lachen – ein schöpferischer Versuch, Realität in Bewegung zu bringen
Nach wie vor sind die „Sudelbücher" des Göttinger Aphoristikers Georg Christoph

Nymphen und Satyr, Adolphe-William Bouguereau (1825-1905), Sterling & Francine Clark Art Institute Williamstown, Massachusetts

Lichtenbergs (1742 – 1799) eine Fundgrube für den schnellen Sprachwitz, liebte dieser es doch, das scheinbar Entlegenste auf die Pointe zusammenzubringen. Sie kennen vielleicht jenen Aphorismus: *„Mit größerer Majestät hat noch nie ein Verstand stillgestanden!"* Untertanengeist und militärischer Befehl in Verbindung mit geistiger Reglosigkeit ergibt Lächerlichkeit.

Das Erhabene hat es immer schwer, sich mit seinem Gegensatz zu verbinden. Dionysos, der Gott der Dunkelheit und der archaischen Leidenschaft, steht Apollon gegenüber, dem Gott des Sonnenlichtes und der Vernunft. Komische Erfahrung ist ekstatisch, orgiastisch, ist dionysisch. Sie sprengt das Alltägliche, Vernünftige und kann alles, auch das Heilige der Lächerlichkeit preisgeben. Die Anhänger des Dionysos waren satyrische Wesen, halb Mensch, halb Tier.

Vielleicht erinnern Sie sich an die Schulzeit und die dazugehörigen Klassenfahrten. Und dabei an den nächtelangen Austausch des schwarzen Humors, der sick jokes: *„Mama, darf ich mit Oma spielen?"* – *„Nein, der Sarg bleibt zu."* Pointe heißt es auf Französisch – punch line auf Englisch. Beides Mal ist es zuschlagende Knappheit! Wir opferten damals in dunklen Schlafräumen im Gelächter unseren Geist und waren ihm gleichzeitig so nah. Das Komische entzieht sich mancher Moral und vielen Anstandes. Komik hat manchmal die höchste Qualität der prima materia. *„Mama, ich will nicht nach Amerika!"* – *„Sei still Kind, schwimm weiter!"*

Witze können komplexe Zusammenhänge auf wunderbar präzise Art fokussieren. Bezogen auf die eigene Gruppe haben sie eindeutigen Erkenntniswert, denn die Pointe dringt blitzschnell in bestehende soziale Situationen ein. Allerdings müssen diese hinlänglich bekannt sein, um das Komische daran erkennen zu lassen.

Ein Klassiker aus der APO-Zeit ist inzwischen die Bemerkung des Kommunarden Fritz Teufel geworden. Auf die Forderung, sich vor Gericht zu erheben, sagte er sich langsam bequemend: *„Na ja, wenn es der Wahrheit dient!"*

Wie viel „Muff unter den Talaren" ist seitdem aus der Öffentlichkeit verschwunden.

Revolutionen sind mit den Formen des Komischen kaum ausgelöst oder gewonnen worden, aber ihr energetisches Potenzial speiste sich immer daraus. Bielefeld 1950:

„Ja, Fräulein Ö. Nun haben Sie vier verschiedene Kinder von vier verschiedenen Vätern!" – *„Nee, die beiden Lütten, die sinn woll von denselben!"* – *„Ja, dann heiraten Sie doch endlich diesen Mann."* – *„Nee, sso simpatisch isser mich nu auch nich!"*

Auch die zwischenzeitlich zu datierende Frauenbewegung hätte ihre Freude an der selbstbewussten Frau Ö. gehabt.

Warum erzählen wir Witze? Sie zeigen die reine Lust am jeux d'esprit, als amüsante Schattenprojektion erleichtern sie oder sie machen unerträgliche Realität erträglicher, Hintergründe erhellen sich, es kommt etwas in Bewegung, es entsteht Raum für Veränderung. Anders gesagt, auf dionysische Weise im spontanen Auflachen kann rigide, körpererstarrende Abwehr in Bewegung kommen. Auf apollinische Weise bieten sich neue innere Bilder für eine Wandlung an. Mit dem Witz wird Unerträgliches leichter und der Blick wird auf ein anderes, hoffentlich besseres Später gelenkt. 1945, während der Bombennächte sagte man in Berlin: *„Wenn det so weiterjeht, missen sich de Engländer de Häuser selber mitbringen!"*

Der Witz und seine Pointe, der immer wieder betonte kurze Augenblick zielen auf den einen Punkt, der schon in der Antike als des Menschen günstiger Moment schicksalsbestimmend verstanden wurde. Es ist der Kairos. Dieser bricht in die dahinfließende Zeit, den Chronos, ein. Pointen zu erfinden und Pointen wirken zu lassen, heißt, den rechten Augenblick zu erkennen und zu nützen.

Der 86-jährige Dirigent Bruno Walter – vormals, 1939, als Jude in die USA emigriert – wurde angefragt, ob er in drei Jahren ein Konzert in der New Yorker Carnegie Hall dirigieren wolle. Er zögerte und sagte auf

Befragen: *„Tja, ich weiß nicht, ob es in drei Jahren noch die Carnegie Hall gibt!"*

Hier verweist die Pointe auf das Jenseitige, durchbricht für einen Augenblick die Dominanz der Empirie und macht den Blick frei für die Widersprüchlichkeit des Lebens an sich. Wir Menschen müssen in diesem anthropologischen Widerspruch die Balance halten.

Lachen und Weinen bringen den Menschen in Grenzlagen. Der ontologische Widerspruch menschlichen Seins führt weiter, er ist auf den Kosmos bezogen. Alle menschlichen Ansprüche auf Weisheit und Macht werden als komisch entlarvt, wird diese Widersprüchlichkeit wahrgenommen. Für einen Augenblick stellt die Pointe im Zusammenfinden zweier an sich widersprüchlicher Wirklichkeiten der empirischen Welt eine Gegenwelt gegenüber.

Kann, nach dem Durchbrechen von realer starrer oder erdrückender Gegebenheit, etwas Visionäres, Verheißungsvolles aufblitzen? Im Moment des Kairos ist der Mensch ganz bei sich und im Moment des Lachens ist er heil.

In den drei letzten Kriegsjahren schrieb Hermann Kasack seinen berühmten Roman „Die Stadt hinter dem Strom". Er löste hier die Grenze zwischen Diesseits und Jenseits auf. Nicht mit strafendem Weltgericht, sondern im erlösenden Lachen: Plötzlich war es da ...

Es wurde ein unbeschwertes, seliges Lachen, das nicht mehr beschämte, sondern eine befreiende Wirkung ausströmte. ... Wie ein zärtliches Pizzicato tönte das Lachen durch die Luft und rann tausendfach überschäumend in die Landschaft. Die dämmernden Hügel und Erdstreifen gerieten in eine schwingende Bewegung, es quoll und schwoll aus den Schatten, es rieselte im Steppengras ... die Schwere war aufgehoben ... und die ersten Sterne schwankten auf und nieder wie silberne Lampions ..."

Soweit Kasacks homerisches Weltgelächter. Kommen Himmel und Erde für einen Augenblick zusammen, können Komplexe in Bewegung geraten, kann Wandlung aufkommen. Das meint – psychologisch verstanden – der Kairos im Witz und seinem Lachen.

Literatur

Berger, Peter L. (1998): Erlösendes Lachen. Berlin
Cousins, Norman (1980): Der Arzt in uns selbst. Hamburg
Kasack, Hermann (1967): Die Stadt hinter dem Strom. München
Plessner, Helmuth (1941): Lachen und Weinen.
Scheler, Max (1928): Die Stellung des Menschen im Kosmos.

Sigrid Voss
Analytische Kinder- und Jugendlichen-Psychotherapeutin, Esslingen, Dozentin und Supervisorin am C. G. Jung-Institut in Stuttgart

*Humor ist das umgekehrt Erhabene.
Er erniedrigt das Große,
um ihm das Kleine,
und erhöht das Kleine,
um ihm das Große an die Seite zu setzen.*

(Jean Paul)

C. G. Jung (Mitte) und E. Neumann (links) am runden Tisch der Casa Eranos. (Foto: Archiv M. Neumann)

Das geheime dionysische Leben in der Casa Eranos

Im freundschaftlichen oder täglichen Umgang ließ Jung seinen Emotionen, positiven wie negativen, freien Lauf. In jüngeren Jahren tönte sein Lachen wie eine weithin schallende Fanfare. Einmal erschien auf der Terrasse der Casa Eranos in Moscia, wo alljährlich im August die Eranos-Tagungen stattfinden, ein sympathischer, nicht mehr ganz junger Mann, der den Tagungsteilnehmern unbekannt war. Er entschuldigte sein Erscheinen und brachte sein Anliegen vor: er wünschte sich, den Mann sehen und kennenlernen zu dürfen, der so laut und herzlich gelacht habe, dass er, der einsame Wanderer auf der Landstraße nach Brissago, weit oberhalb der Casa, unwiderstehlich angesteckt worden sei.

...

Ein einziges Mal wurde der Ablauf der Tagungen durch ein ungewöhnliches Ereignis unterbrochen, nämlich durch ein nächtliches Fest, das in der Casa Eranos und auf der Terrasse gefeiert wurde. Noch heute lebt es wie eine Legende unter der Bezeichnung einer „Nachtmeerfahrt", was eigentlich nicht ganz passt; denn man kann sich eine Nachtmeerfahrt kaum dermaßen ohrenbetäubend laut vorstellen wie unsere Nekyia. Es ging ungeheuer lustig und trunken zu. Baron von der Heydt [dem der Monte Verità bei Ascona gehörte, Anm. d. Red.] hatte den Wein gestiftet. Obwohl keine Musik zum Tanze aufspielte, hallte es weit über den See.
Die nähere und fernere Nachbarschaft schickte Boten zu Frau Fröbe, um über die ungewohnte Ruhestörung zu klagen, aber nichts fruchtete. Jung war ziemlich angeheitert, und mir fielen die Worte ein, die sein Freund und Studienkamerad Albert Oeri in seinen Erinnerungen über ihn geschrieben hatte: „Jungs Räusche waren selten, aber laut". Aber nicht nur Jung war angeheitert, die anderen waren es auch. Darüber zeigte sich Jung sehr befriedigt, und er ermunterte die allzu Nüchternen, Dionysos die gebührende Huldigung zu erweisen. Er tauchte bald hier, bald dort auf und sprühte vor Witz, Spott und trunkenem Geist.

(Aniela Jaffé: Aufsätze zur Psychologie C. G. Jungs.
Zürich: Daimon 1982, S. 134 f. und S. 107 f.)

Der Weise mit der roten Nase

Annäherung an die archetypische Figur des Clowns

Annette Kuptz-Klimpel

Foto: Jürgen Bernd

Möchten Sie einmal wieder herzhaft lachen? Haben Sie auch das Gefühl, dass der Alltag meist nicht sehr lustig ist und Humor und Lebensfreude oft auf der Strecke bleiben? *„Die Freude flieht auf allen Wegen, der Ärger kommt uns gern entgegen"*, reimte schon Wilhelm Busch (in „Balduin Bählmann, der verhinderte Dichter",1883). Vor 40 Jahren fanden Forscher heraus, haben die Menschen noch dreimal mehr gelacht als heute. Nur noch auf 15-mal Lachen und Lächeln pro Tag bringen es Erwachsene im Schnitt. Kinder sind deutlich fröhlicher – und glücklicher (so müsste man meinen), sie lächeln oder

lachen täglich durchschnittlich 400-mal. Lachen ist gesund. Es kann den ganzen Körper erfüllen, ist wie die Freude Ausdruck der gehobenen Emotionen und hat inzwischen auch in der Psychotherapie aufgrund seiner heilsamen und verlebendigenden Wirkung neue Wertschätzung gefunden (vgl. Titze, 1995 und Titze, Eschenröder 1998).

Was macht man nun in unserer ressourcenorientierten Zeit, mit stets besorgtem Blick auf die noch vorhandene Lebenszeit und der Frage: „Habe ich meine inneren Möglichkeiten genügend entfaltet?", wenn man dem Humor im Alltag, der Leichtigkeit und der Lebensfreude wieder einen größeren Platz einräumen will? Auf der Suche nach einer Antwort kann es manchmal geschehen: Man entdeckt den inneren Clown in sich!

1. Die rote Nase

Haben Sie Lust auf ein Experiment? Dann setzen Sie sich doch einmal eine rote Nase auf und versuchen Sie damit, kleinen und größeren alltäglichen Herausforderungen und Erschwernissen aus einem neuen Blickwinkel heraus zu begegnen. Nicht immer hilft es, diese Herausforderungen auch tatsächlich zu meistern.

Die rote Nase (manchmal auch nur in imaginierter Form) hilft aber, im Hier und Jetzt eine humorvollere Perspektive einzunehmen und den ursprünglichen eigenen kreativen Raum in sich wieder zu entdecken. Das bedeutet auch weniger „ernsthaft" und verbissen mit mehr Lust und Freude am Spielerischen, am Lachen, den komischen Seiten unseres Daseins und der Fülle des Lebens mit seinen polaren

Aspekten zu begegnen. Die Nase als unser „Geruchsorgan" im Zentrum unseres Kopfes hilft uns neben dem Ein- und Ausatmen, „die Nase vorne zu haben", uns in der Umgebung zu orientieren, Spürsinn, Intuition zu entwickeln, Gefahr und mögliche Sexualpartner wahrzunehmen. Dabei können wir neugierig „die Nase überall hineinstecken", wobei hier der phallische Aspekt der Nase (verstanden als Vitalität und Tatkraft) sehr deutlich wird.

Da die Nase sich an so exponierter Stelle in unserem Gesicht befindet, wurde ihre Stellung von jeher mit der Eigenart, der Identität und dem Selbstwertgefühl des Trägers in Verbindung gebracht. (vgl. www.symbolonline.de, „Nase"). Tragen wir die Nase zu hoch, können wir als „hochnäsig" gelten, zeigen aber auch, dass wir selbstbewusst oder stolz sind. Wer hingegen seinen Kopf und „die Nase hängen" lässt, gilt als niedergeschlagen oder beschämt. Eine aus der Norm fallende Nase ist ein besonderes Merkmal des Komischen. Jemandem „eine lange Nase machen" bedeutet, Überlegenheit zu zeigen, aber auch, dass man ihn verspottet oder sich über ihn lustig macht.

Die rote auffällig betonte Nase ist das bekannteste Ausdrucksmittel des Clowns. Sie ist häufig ein Kennzeichen des dummen August, neben großen, absatzlosen Schuhen, übergroßer, grotesker Kleidung und struppigen Haaren oder einer Glatze. Die Farbe Rot wird mit Feuer, Blut und vitalen Gefühlen wie Liebe, sexuelle Leidenschaft, Hass und Aggressivität in Verbindung gebracht (vgl. www.symbolonline. de, „Rot"). Mit ihr wird Erregung, Wärme, Aktivität, Stärke und Selbstvertrauen verbunden sowie der polare Reichtum der Gefühle, die beim Clown auch seine Traurigkeit und sein Scheitern mit einschließen.

Charlie Rivel (1896 – 1983) gelangte als Clown zu Weltruhm (www.wikimedia.org)

Die rote Nase betont, dass der Träger eine markante Persönlichkeit hat und mit Leichtigkeit und Beschwingtheit durchs Leben geht, (was auch gelegentlich durch mäßigen Alkoholgenuss angestrebt wird und auch eine Rotfärbung der Nase mit sich bringen könnte).

In vielen Kulturen wird Rot auch mit Intensität, Überschwang, Wagemut und Heldentum assoziiert. Die rote Nase stellt eine Minimal-Maske dar, „ein Symbol für die Tradition des Clowns", die „für Heiterkeit und das Lachen steht". (Gilmore, 2007, S. 29) Sie signalisiert uns, dass die üblichen Werte von Ernsthaftigkeit und Spiel, von Macht und Ohnmacht nun nicht mehr gelten, sozusagen auf den Kopf gestellt werden.

Die rote Nase verändert nicht nur das Gesicht seines Trägers, das damit authentischere, z. T. kindlichere Züge annimmt, sondern ermöglicht dem Narren, eine andere Ebene seiner Lebenswirklichkeit zu betreten. Neben der „ernsthaften" Welt der Erwachsenen, der Welt der alltäglichen Routinen, Gewohnheiten und Erfahrungen, die im ungünstigsten Fall voller Grenzen und Ab- und Bewertungen ist, bedeutet das Aufsetzen der roten Nase, mehr Humor, Lebensfreude und Echtheit in den Gefühlen zu entfalten. Die rote Nase aufzusetzen, bedeutet aber auch, dass wir den eigenen kreativen, spielerischen Raum in uns entdecken, der für jeden Menschen bzw. Clown ein sehr individueller ist.

2. Der Begriff des Clowns

Unter Clown versteht man einen Spaßmacher im Zirkus oder auf der Bühne. Der Begriff Clown wird aber auch verwandt für eine schrille Außenseiterfigur, die kollektive Werte auf den Kopf stellt (z. B. in Bölls Roman" Ansichten eines Clowns" 1963). Unfreiwillig zum „Clown" oder zum „Kasper" kann ein Kind oder Jugendlicher in einem Gruppenverband oder seiner Familien aus gruppendynamischen Gründen werden, wenn der Gruppen- oder Familienschatten auf ihn projiziert und dort bekämpft wird (Sündenbockrolle).

Etymologisch bedeutet Clown Spaßmacher, entlehnt aus lat. „colonus" Bauer, plumper Bursche (Kluge, 1999, S. 156) und franz. „colon" Bauer, Landmann. Im englischen Schauspiel war Clown die Bezeichnung für den Tölpel in Shakespeares Komödien und Christmas-Pantomimen, ab ca. 1850 für den Manegenkomiker im Zirkus. Ab dem 18. Jh. hatte sich in Kunstreitergruppen eine komische Manegenszene „Claude der Bauer" etabliert. Aus einer Art Lautmischung von „Claude" und „colon" hat sich vermutlich der Begriff „claune" gebildet (vgl. Hoche, 1982, S. 14). Eine krankhafte Angst bei Kindern vor Clowns bezeichnet man als Coulrophobie.

3. Was ist der Clown?

„Der Clown ist schlau und derb, anmutig und ungeniert, vielseitig und einfallsreich, einfühlsam und schadenfroh. Er beobachtet scharf und reagiert oft unerwartet. Er zeigt spontan, wie ihm zumute ist. Was die Konvention als Schwäche an Selbstdisziplin rügt, ist seine Stärke: er weint und lacht" (Remy, 1982, S. 14). Der Clown ist eine polare, vielschichtige, komische Figur, der Menschen zum Lachen bringt: So wie das Lachen selbst, entstammt die Urform der komischen Figur und des Clowns wohl auch einer tieferen irrationalen Instinktschicht der menschlichen Psyche, dessen Wirkung ebenso wie der Witz als „Spalt" verstanden werden kann, „durch den das Dionysische für einen Moment in den Alltag eindringt." (Schmid, 2007, S. 314). Zur clownesken Doppelnatur gehört das heilende, belebende Element und das diabolische, „das dem Widersacher gemäße, der als Anwalt der Gegenwelt fungiert". (Barloewen, 2010, S. 23)

Außer der sehr anspruchsvollen künstlerischen Tätigkeit von beruflichen Clowns, die meist in vielen Bereichen wie Akrobatik, Schauspiel, Pantomime und Musik ausgebildet sind, bevor sie als Clown tätig werden, bietet das Clownsmotiv und seine grundlegenden Aspekte eine Schatzkiste an kreativen und spielerischen Möglichkeiten in Clowns- und Theaterschulen, in der Selbsterfahrung und in der Therapie. Klinikclowns werden zunehmend in Krankenhäusern und Pflegeheimen eingesetzt, um die heilsame Wirkung des

Bild aus dem Film „Die Clowns" von Frederico Fellini (1970, TV-Produktion)

Humors und des Lachens zu Kindern und alten Menschen zu bringen.

4. Geschichte und Entwicklung der Clownsfigur

Die Neigung des Menschen zum Komischen reicht bis in die Anfangszeit menschlicher Kulturen zurück. Neben den erschreckenden Masken bei Naturvölkern gab es auch solche, deren Gesichter zum Lachen verzerrt waren. Wenn in früheren Kulturen das Heroische z. B. im Tanz dargestellt wurde, so wurde es oft durch die konträre Form, des Lächerlich-Machens ergänzt. Das Schwert des heroischen Mimen verwandelte sich so in die Pritsche des Narren (vgl. Hoche, 1983, S. 12).

Das mythologische Motiv des Tricksters oder Schelms als Gegenteiler findet sich sowohl in den Mythen und Religionen der Naturvölker (nordam. Indianerkulturen), als auch im Buddhismus. Der Gegenteiler stellte einen Gegenpol zu den Stammesheiligen und deren Werten dar. Er betrachtete die Welt aus einer anderen Perspektive. Kollektive Werte wurden durch ihn ins Gegenteil verdreht, was letztendlich das religiöse System vor der Erstarrung in Dogmatismus bewahrte.

Zum Trickstermotiv der Indianerkulturen gehörte, dass Clowns „eine prächtige phallische Symbolik" hatten. „Falsche aufschwellende Genitalien wie Bauchläden vor sich hertragend" (Barloewen, 2010, S. 21), ermöglichten sie, dass über Tabus gelacht werden konnte.

Der Clown im abendländischen Kulturkreis hat seine Stammväter unter den Darstellern der griechischen Dionysien und der römischen Saturnalien, den ältesten dramatischen Spielen des Altertums (vgl. Hoche, 1983, S. 13 ff.). Er ist aber auch verwandt mit grotesk-komischen Figuren der mittelalterlichen Gaukler und Hofnarren, dem Hanswurst von Brants Narrenschiff, dem Arlecchino (Harlekin) der italienischen Commedia dell'Arte, dem spanischen Gracioso und dem Pierrot der französischen Pantomime.

Seit es den modernen Zirkus gibt (in Deutschland seit ca. 1830), sind Clownsnummern fester Bestandteil der Zirkusprogramme, meist jedoch nur als Pausen- oder Reprisenclowns. In Frankreich brachten politische Restriktionen Ende des 19. Jh. die sog. „Clown-Entrees" (improvisiertes Bühnenstück zweier Clowns) hervor. (vgl. Remy, 1982, S. 17), die auch in Deutschland zur bevorzugten Bühnenform des Clowns wurden.

Die Zirkusgeschichte der ersten Hälfte des 20. Jh. wurde maßgeblich von den großen Clowns Grock und Rivel geprägt. Brecht hat sich in einigen seiner Schauspiele vom clownesken Spiel anregen lassen, wobei er Chaplin und Karl Valentin zu seinen Lehrern zählte. Während die gesamte Stummfilm-Ära und die Anfänge des Tonfilms die Entwicklung clownesker Gestalten begünstigte (Chaplin, Keaton, Marx-Brothers, Valentin und Tati), mussten die modernen Medien erst noch die geeigneten Methoden finden, das Clownsspiel, dessen wichtiges Prinzip es ist, unmittelbare Erfahrung und direkten Kontakt zu ermöglichen, zu den Zuschauern zu bringen.

Fellini stellte in seinem Film „I Clowns" (1970) das gesellschaftliche Ableben der klassischen Gestalt des Clowns dar, aber auch dessen unvergängliche Faszination. Der Schweizer Clown Dimitri zeigte jedoch 1978 in einem Stück („Der Clown ist tot – es lebe der Clown!") auf, dass das Motiv des Clowns unsterblich ist. Ab Mitte der 70er Jahre beginnend durch die „Festivals of Fools" in Amsterdam und deren Leitmotiv („Clownspower als Antwort auf gesellschaftliche Unterdrückung und Ohnmachtsgefühle") hat sich eine Art alternative Clownsidee mit unterschiedlicher Akzentuierung verbreitet. (Motto Jango Edwards: „Seid clever, lacht doch wieder. Werdet Narren!"). Das Grundmotiv des Clowns wurde von vielen freien Theatergruppen, Soloclowns und Theaterschulen wiederentdeckt, auf den Kleinkunstbühnen oder dem Straßenpflaster in der Tradition von Gauklern und fahrenden Komödianten zur Aufführung gebracht, wie auch als Thema in Selbsterfahrungsgruppen entdeckt. Auch ist unverkennbar, dass

Humoristen und Komiker („Comedians") in den letzten Jahrzehnten – oft mit beachtlichen philosophischen und psychologischen Talenten – eine zunehmend wichtige Rolle im Entertainment spielen.

5. Archetypische und tiefenpsychologische Aspekte des Clownsmotivs

Tiefenpsychologisch ist das Clownsmotiv mit dem Motiv des Narren verwandt. Narrheit und Weisheit liegen auch in der Figur des Clowns nahe zusammen, jedoch mit einer stärkeren Gewichtung der ursprünglichen, unbekümmerten Weisheit des Kindes. Wie auch beim Narr ist das hinter dem Clownsmotiv stehende archetypische Muster das des Schelms oder Tricksters. Stärker jedoch als beim Narren wird beim Clownsmotiv die Verbindung zum Archetyp des Kindes deutlich. Das Clownsmotiv kann einerseits in Zusammenhang mit dem Archetyp des Kindes als Träger von Selbstaspekten und Ganzheitspotential verstanden werden, andererseits in seiner Nähe zum archetypischen Motiv des Tricksters als kollektive Schattenfigur, eine Summierung aller individuellen inferioren Charaktereigenschaften. Im Schatten ist viel vitale Energie und Lebenslust enthalten, was natürlich auch die große Faszination des Clowns auf Kinder und das Kindliche im Erwachsenen erklären könnte.

In der Hochzeit der europäischen Bühnenclowns ab ca. 1850 entwickelten sich polare Clownstypen heraus, die des „Dummen August" und des „Weißclowns", die jedoch im modernen Zirkus oft nur fragmentarisch dargestellt werden.

Der August, dessen Kennzeichen die rote Nase, der übergroße Anzug und die großen Schuhe sind, lebt in der Gegenwart und hat sich die Fähigkeit des Staunens bewahrt. Er bleibt ein ewiges Kind, das in guter Verbindung zu seinen Gefühlen und Trieben steht, wenn auch nie ambivalenz- oder konfliktfrei. Auch wenn er ständig vor die Bewältigung der kleinen oder großen Herausforderungen seines Lebens gestellt ist und an der Tücke des Objektes schier zu scheitern scheint, er gibt niemals auf.

„Der August verkörpert das Irrationale in der menschlichen Natur, die Primitivseele, das Es. Jene rebellische Instanz, die die Ordnung nicht mag, den Geist, der stets [...] verneint, der Lust am Kaputtmachen hat, den Trieb, den Widerpart des Über-Ichs" (Hoche, 1982, S. 9). Sein Gegenspieler ist der „Weißclown", welcher im weißen Paillettenkostüm, mit zuckerhutförmigem Hut, weißgeschminktem Gesicht

Weißclown und dummer August als Repräsentanten des „Es" und des „Über-Ich" musizieren in einer Zirkusvorstellung. (www.wikimedia.org)

und ausgestellten Hosen Aspekte von Eitelkeit, Besserwisserei, Arroganz und Humorlosigkeit aber auch narzisstischer Selbstgefälligkeit verkörpern kann und die Anführerrolle übernimmt.

Sein Urahn ist vermutlich der Machus, der weiße Mimus (mimus albus), der in Komödien der alten Griechen und Römer eine komische Rolle spielte. So kollidieren im komischen Paar Es-Impulse mit Über-Ich-Anforderungen, wobei der Zuschauer in der Identifikation den Part des Ichs übernehmen kann, der aufgrund seiner Zuschauerrolle nicht wirklich verzweifeln muss, sondern über Lachen seine Spannung abreagieren kann.

Es gibt auch die Besetzung der klassischen Clownsnummern mit drei Personen, die ebenfalls mit dem Instanzenmodell in Verbindung gebracht werden können: Der August ist Ausdruck des Triebimpulses. Der Sprechstallmeister, oft auch „Herr Loyal" genannt, in der Rolle des strengen Vorgesetzten, der Forderungen stellt oder Anweisungen gibt, kann als strenges Über-Ich oder Elternintrojekt verstanden werden, während der „Weißclown" als Ich, zwischen den beiden anderen Instanzen vermitteln muss.

Federico Fellini hat in Zusammenhang mit seinem Film „I Clowns" den Streit zwischen dem weißen Clown und dem dummen August den „Kampf zwischen dem herrlichen Kult der Vernunft" und „der Freiheit des Triebes" bezeichnet. „Es sind die beiden Haltungen der Menschen, der Drang nach oben und der Drang nach unten, getrennt, separiert. Mein Film der Clown endet so: Die beiden Figuren begegnen sich und gehen miteinander weg. Warum rührt uns eine solche Situation? Weil diese beiden einen Mythos verkörpern, der im Grunde in uns allen ist: die Versöhnung der Gegensätze, die Einheit des Seins." (Hoche, 1982, S. 9).
Die Grundfrage jeder Clownsnummer „wer legt wen herein?", kann als ewiges Problem, als neurotischer Konflikt der menschlichen Psyche verstanden werden, der tägliche Kampf zwischen Trieb und Vernunft.

Fellini sieht jedoch die Beziehung zwischen August und Weißclown auch als Spiegel der bürgerlichen Familie aus Sicht des Kindes: die Erwachsenen als Versammlung von weißen Clowns, das Kind in der Rolle des August. „Der weiße Clown und der August – es sind Lehrerin und Kind, Mutter und Lausbub, man könnte auch sagen der Engel mit dem feurigen Schwert und der Sünder. Im Zirkus kann sich das Kind dank dem August vorstellen, dass es alles Verbotene tut: sich als Frau verkleiden, Grimassen schneiden, auf der Straße brüllen, laut sagen, was man denkt! Hier verurteilt Dich keiner. Im Gegenteil, sie klatschen noch Beifall." (Fellini 1974, S. 158)

6. Komische und heilsame Aspekte des Clownsmotivs

6.1. Wiederentdecken des inneren Kindes

Schauen Sie einem ca. 1½-jährigen Kind zu, das in wohliger Nähe an den Körper eines seiner Eltern angelehnt ist, aus dem sicheren Hafen seines Kinderwagens oder auf eigenen Beinen die Welt entdeckt! Der unbekümmerte, verschmitzte Blick wird begleitet von großer Offenheit, einem strahlenden, oft auch staunenden in die Welt schauen, das auch den unbekannten Menschen meint, da das Kind die Selbstverständlichkeit seines Eingebettetseins in die Welt noch erlebt.

Das Kind nimmt voller Lebensfreude einen Stein oder Holzstock in die Hand, sucht den bestätigenden Blickkontakt mit seiner Bezugsperson, bevor es voller Hingabe und ganz bei sich, scheinbar alles um sich herum vergessend, mit diesen Gegenständen spielt. In einer gewissen Versunkenheit probiert das Kind aus, was es mit diesen Gegenständen machen kann, bezieht auch noch andere Kinder oder seine Eltern mit ein, bevor es diese Gegenstände wieder wegwirft, um sie erneut wieder zu suchen und weitere spielerische

Fröhliche Clownsgruppe, Foto: Matthias Kuptz

Erfahrungen mit ihnen zu machen. Wir erwachsene „Clowns" können viel von den Kindern lernen (vgl. Schmid, 2007, S. 415 ff.). Gerade eine gewisse Unbekümmertheit, das vertrauensvolle Kontakt-mit-der-Welt-Aufnehmen und das nicht endende Staunen, was ja eine Vorstufe zur Erkenntnis ist, sind auch zentrale Eigenschaften des Clowns in der Selbsterfahrung.

Weiter nennt Schmid folgende Eigenschaften, die wir von der Lebenskunst der Kinder lernen können: Das Eingebettetsein in die Welt, die Hingabe an die Erfahrungen mit ihr, die immer neue Bereitschaft zum Versuch, zum Wagnis, die große Offenheit und Neugierde, das Leben mit Widersprüchen, das Verrücktsein als Eröffnung neuer Spielräume, die Unbefangenheit, in jedem Menschen einen Ansprechpartner zu sehen, immer nur zu spielen und die Gegenwart auszukosten, im jeweiligen Moment ganz und gar bei sich zu sein und alles um sich herum zu vergessen, auch einem momentan aufwallenden Impuls oder Interesse zu folgen und nicht allzu viele Gedanken an mögliche Konsequenzen zu verschwenden. Diese kindlichen Eigenschaften stellen auch zentrale Aspekte bei der Arbeit mit dem inneren Clown dar. Kind und Clown lassen sich berühren, spüren, fühlen, drücken aus, was sie empfinden und zeigen sich.

Im Entdecken des inneren Clowns nähern wir uns unserem eigenen, inneren Kind an. In der jungschen Sprache bedeutet das Wiederentdecken und Zulassen der ursprünglichen Kreativität und des Spielerischen eine Annäherung an Aspekte des gesunden inneren Kindes. „Und vielleicht spüren wir insgeheim, dass ein Teil von uns ganz geblieben ist, unberührt von den Kümmernissen des Lebens, fähig zu großer Freude und zum Staunen über all die kleinen und scheinbar unbedeutenden Dinge" (Abrams, 1996, S. 11).

Dies besagt, dass wir alle in uns ein ewiges Kind tragen. In diesem symbolischen Kind sind wir aufgehoben, wie wir einmal waren. Es hat die uns prägenden Erlebnisse, unsere Freuden und Leiden aufbewahrt. Nach C. G. Jung repräsentiert das Kind den Teil der menschlichen Persönlichkeit, der sich zur Ganzheit entwickeln möchte, das Selbst. Das innere Kind ist das ursprüngliche Inbild des Selbst, des Zentrums unseres individuellen Wesens.

Das Selbstverständnis von Erwachsenen ist häufig eng mit der einzigartigen und persönlichen Erfahrung des Kindheitsselbst verbunden. Bei vielen Erwachsenen geht jedoch die lebendige Beziehung zu ihrem inneren Kind verloren, da sie als Kind zur Anpassung gezwungen waren und sich mit einem falschen Selbst identifiziert haben. Das innere Kind in uns ist dann verlassen und verloren. Das innere Kind in sich selbst wieder zu entdecken und zum lebendigen Leben zu verhelfen, hilft uns, unser inneres Potenzial im Sinne von Selbstaspekten zu verwirklichen.

6.2. Kreativität und das Spielerische

Der Clown und das Spielen gehören zusammen. Stellen Sie sich einen Raum vor, in dem sich eine Gruppe von bunt- und fantasievoll gekleideten Erwachsenen befindet, die in den verschiedensten alltäglichen und skurrilen Gegenständen (wie z. B. Trichter, Blumenkette, Gartenschlauch, Handtasche, Puppe, Klobürste, Bikinioberteil, Hut, Staubwedel, Topf usw.) in Kisten und alten Koffern kramt und ausprobiert, wozu man diese Gegenstände verwenden und damit alleine oder zu zweit

„spielen" kann. Hilfreich ist hier die Vorstellung, dies aus der Sicht von Menschen aus einem ganz anderen Kulturkreis (z. B. Naturvolk) zu tun, denen die Bedeutung dieser Gegenstände aus unserer Kultur nicht bekannt ist. Um sich dem eigenen ursprünglichen und kreativen Raum anzunähern, braucht es das Gehaltensein und Vertrauen in die anderen Gruppenmitglieder und eine längere Zeit des gemeinsamen Spielens und Experimentierens, sodass man sich an das frühere Kindsein erinnert fühlt und einfach wieder wie Kinder mit Freude und Lachen spielt.

Das Bedürfnis zu spielen (mhd. spiln: sich lebhaft oder fröhlich bewegen, tanzen, Kurzweil oder unterhaltende Beschäftigung haben, auch fröhliche Übungen machen) scheint tief im Menschen verwurzelt zu sein: „Der Mensch ist nur da ganz Mensch, wo er spielt" (Schiller). Zum Menschsein gehört die Freude am Spielen, die beim Kind zum genussvollen, zweckfreien Gebrauch seines Körpers, zum lustigen Herumspringen und Umhertollen, zum Entdecken seiner Welt, zum Lernen und Einüben von Fähigkeiten, zum Nachahmen des Lebens seiner Eltern und anderer Erwachsenen führt, jedoch auch der Abfuhr von Affekten und der Verarbeitung innerer Konflikte dient.

Aus Sicht der Analytischen Psychologie wird Spielen und das Spielerische in enger Verbindung mit der Fantasie, der Kreativität und dem Schöpferischen gesehen und kann symbolisch verstanden werden „als dynamisches Prinzip der Phantasie ... Aber ohne dieses Spiel mit Phantasien ist noch nie ein schöpferisches Werk geboren worden" (vgl. Jung GW, Bd. 6 § 88).

Fantasie und Kreativität sind schöpferischer Ausdruck unseres Unbewussten, die, wenn sie mit ihrer symbolischen Wirkung ins Bewusstsein integriert werden, ihre heilsame Wirkung entfalten und helfen, uns unserer inneren Ganzheit anzunähern. In Fantasie und Spiel können wir uns eine eigene Welt erschaffen, ausprobieren, wie wir sein wollen und uns auf diese Weise unseren Wünschen, zukünftigen Möglichkeiten und inneren Ressourcen annähern.

Clownin Gardi Hutter in ihrem Stück „Jeanne d'ArPpo – Die tapfere Hanna"), www.gardihutter.com

Aus Huizingas Sicht ist „Ernst der Ausschluss des Spielens. Das Spiel schließt aber den Ernst ein." Spielerisch kann man sich, in gutem Kontakt mit dem inneren Clown, den ernsthaftesten Themen seines Lebens annähern, so z. B. der Suche nach Anerkennung und Liebe, dem Sinn im Leben, Auseinandersetzung mit der eigenen Endlichkeit und der Annahme von ungeliebten eigenen Schattenanteilen.

6.3. Umarme deinen Schatten

Stellen Sie sich eine sehr dicke Clownin Hanna vor die verschlafen mit Schürze über dem geflickten weiten Kleid, verstrubbelten Haaren, unter dem Arm ein Buch, schlurfend auf die Bühne kommt. Dort befindet sich ein großer Waschtrog, ein riesiger Berg Wäsche, ein Zuber mit einer Waschkelle und eine gespannte Wäscheleine. Hanna lässt sich auf ihr Hinterteil vor den Waschtrog fallen und liest in dem Buch über „Jeanne d' Arc und andere große Heldinnen".

Hanna, die Waschfrau, versucht im weiteren Verlauf des Bühnenstücks, ihr tristes alltägliches Leben zu bewältigen, indem sie durch Identifikation mit der Hauptfigur ihres Buches, der Jeanne d' Arc, das Heldenhafte, Kämpferische und Lichte in sich entdeckt. „Hanna steht auf, stellt sich in Positur, greift mit der Rechten an die linke Seite, zieht das imaginäre Schwert, beginnt zu fechten. Sie tritt mit einem Fuß in den Zuber, rudert mit der Waschkelle, benutzt sie als Fernrohr, zur Verlängerung der langen Nase, die sie dem Feind macht." (Moser-Ehinger, 1986, S. 9).

In der Waschfrau Hanna sieht Hutter „ein Sammeltopf von Leiden, unerfüllten Träumen, Frustrationen, Ängsten, Bedrängung und Bedrückung" (ebenda S. 35). Gardi Hutter spielt den Alltag dieser dicken Waschfrau, ihre Auseinandersetzung mit der Tücke des Objektes, ihr Scheitern und ihre Versuche mittels ihrer Fantasie aus dem Alltag auszubrechen mit sehr viel Liebe zu ihrer Heldin, Witz und großer Komik. Die mit dem Wäscheberg kämpfende Heldin kann als Größenfantasie, kann aber auch im Sinne der prospektiv-finalen Tendenz als Entwurf zukünftiger Möglichkeiten verstanden werden.

Zu den Ausdrucksmitteln des Clowns gehört es, dass die gesellschaftlichen Werte auf den Kopf gestellt werden. Schön ist für den Clown nicht, was uns gesellschaftliche Konventionen und kollektive Trends vorschreiben, sondern was seine innere Weisheit vermittelt.

„Was bei Frauen zählt, erleben wir doch ständig. Die erste Frage ist: Ist sie schön? Bei Männern fragt man nach Reichtum, nach Intelligenz, nach dem Beruf, bei der Frau nach dem Aussehen. Wenn ich ins Theater komme, passiere ich noch als einigermaßen annehmbar. Zeige ich mich dann in der Maske, spüre ich zuerst einmal einen Schock, dass sich da jemand freiwillig hässlicher macht. Bei vielen habe ich dann meine „Chancen" verloren, entsteht eine Art Scheu, weil ich aus dem der Frau angemessenen Rollenverhalten heraustrete, möglichst hübsch und lieblich zu sein und Pölsterchen zu bedecken ..." (Moser-Ehinger, S. 81).

In Zeiten des kollektiven Schlankheitswahns kann die Darstellung einer dicken Frau, die Mut hat, kollektive Schönheitsvorstellungen auf den Kopf zu stellen, als Provokation, als Mut zur „Hässlichkeit", aber auch als Darstellung von Schattenaspekten im Hinblick auf das bestehende Schönheitsideal verstanden werden. Als Zuschauerin erlebte ich die Darstellung der dicken Waschfrau Hanna, die von Höherem träumt, zugleich aber in den Niederungen des Alltags mit den verschiedensten Herausforderung kämpft, als ungeheuer lustig, sehr befreiend und spürte große Bewunderung für den Mut der Clownin, ihren Schatten dergestalt zu umarmen. Der Clown kann als „Inbegriff des Menschen selber verstanden werden. Er macht den Sündenfall und alle lachen über ihn – aber eigentlich verkörpert er ja alle, die über ihn lachen und darum lachen sie auch über sich selbst. Der Clown ist ein Spiegel." (Moser- Ehinger, S. 48)

Mit der Übertreibung oder Verstärkung als in der Clownsrolle „erlaubtes" Stilmittel konfrontiert der Clown sich (und sein Publikum) mit individuellen und kollektiven Grenzen. Indem er mit der Überschreitung dieser Grenzen spielt, stellt er sie infrage, er probiert aus und nähert sich auf diese Weise dem Verbotenen, dem Schatten an. Das Unaussprechliche, das Geheimnisvolle wird lebbar, es gehört dazu – es darf sogar darüber gelacht werden.

Der persönliche Schatten bildet sich in jedem kleinen Kind auf ganz natürliche Weise. Wir identifizieren uns mit Persönlichkeitsmerkmalen, die durch unsere Umwelt gefordert und bekräftigt werden, wie z. B. Höflichkeit oder Großzügigkeit. Gleichzeitig versenken wir die Anteile in den Schatten, die nicht zu unserem idealen Bild von uns passen. „Alle vom Ich abgelehnten und in den Schatten verbannten Gefühle und Fähigkeiten tragen dann bei zu der verborgenen Macht, die die dunkle Seite der menschlichen Natur besitzt" (Abrams S. 13). Zum Schatten gehören aber neben den neurotischen Anteilen und unentwickelten Anlagen auch viel vitale Energie und Lebenslust. „Der Schatten hält den Kontakt zur verlorenen Tiefe der Seele, zu Leben und Vitalität, das

Foto: David Gilmore

Höchste, das universal Menschliche, ja sogar das Schöpferische ist hier zu ahnen und zu spüren." (Frey-Rohn in Abrams,1997, S.13)

6.4. Dem kreativen Ruf der Dinge folgen

Es gehört zur Freiheit des Clowns, dass er seine eigene Welt mithilfe seiner Fantasie und Kreativität neu erschaffen kann und den Gegenständen eine andere Bedeutung gibt. Voraussetzung dafür ist sicher eine gute Intuition, Fantasie, aber auch, dass man „den Ruf der Dinge" überhaupt wahrnimmt.

Eine Clownin spielt mit einer Klobürste, als ob diese ein kleines Kind oder eine Puppe sei. Das „Kind" soll brav „Grüß-Gott" sagen, hat aber große Angst, schlottert und zittert heftig, bekommt aber kein Wort heraus. Die Clownin probiert jetzt alle mütterlichen Facetten aus, von liebevollem Ermutigen, bis zum strengen Ausschimpfen und subtilem Fertigmachen, ohne dass sie ihr Ziel erreicht, natürlich sehr zum Genuss des Publikums, das heftig lachen muss. Die Clownin bringt sowohl die mütterliche Figur als auch die Seite des ängstlichen und später frechen Kindes (Klobürste) zum Leben. Sicher wäre diese Szene auch ansprechend und lustig, wenn „das Kind" eine Puppe oder ein anderer Clown wäre. Dass das Kind eine Klobürste ist, zeigt, dass die Clownin mithilfe ihrer Fantasie dem Ruf der Dinge folgte (Klobürste: „Gib mir eine andere Bedeutung. Ich langweile mich so sehr nur als Klobürste!"). Mit dem Stilmittel der Entfremdung wurde der Gegenstand aus seinem gewohnten Kontext herausgenommen und wirkte nun „als Kind" sehr komisch.

Clown Grock (bürgerlich Adrien Wettach), der bis in die 50er Jahre des 20. Jh. als sehr erfolgreicher Clown mit seinen Partnern auf Bühnen auftrat und viele Musikinstrumente brillant spielte, beschreibt in seinem Lebensrückblick (Grock, 1930, S. 27 ff.) von einer prägenden Kindheitserinnerung.

Grock wuchs unter ärmlichen Bedingungen mit vier Geschwistern in der Bieler Gegend auf. Da der unstete Vater häufig die Arbeit wechselte, um seine Familie durchzubringen, musste die Familie oft umziehen. Der kleine Adrien hatte die Zwiebelkränze aus dem Garten zu versorgen, die zum Trocknen aufgehängt waren. „Ich hatte sie von der Schnur zu knüpfen und fein säuberlich in einen Korb zu packen. Wozu jedoch sind Zwiebeln und Zwiebelkränze, wozu sind überhaupt die Dinge da? Für mein Gefühl zum Gegenteil dessen, was die langweilige Vernunft seit Abrahams Zeiten mit ihnen anstellt. Von jeher schauen mich alle Dinge fast vorwurfsvoll an und wispern mir in unbewachten Momenten zu: Nur auf dich haben wir gewartet, so komm doch endlich, nimm uns und gib uns einen anderen Sinn, wir langweilen uns schrecklich." […] Man muss die Welt jeden Tag von Neuem so sehen, als sähe man sie zum ersten Mal (vgl. Grock, S. 27 f.). Adrien folgte also dem „Ruf" der Zwiebeln, löste sie aus dem Kranz und ließ die goldenen Kugeln" einzeln durch das Rohr des „Örtchens" (altmodische Holztoilette in alten Bauernhäusern) über Holzbrettern in die Grube fallen, „so dass sie hin und her gegen die Bretter kollerten und unten klatschend aufschlugen. Takt und Geräusch hatten mein Kindergemüt über die Maßen entzückt und jetzt, als ich 100 Kränze […] hatte, überkam mich

die Versuchung erst recht und ich beschloss, ein ganzes Orchester in Aktion treten zu lassen" (Grock, S. 28). Der kleine Adrien nahm also den Deckel vom Loch und ließ die Zwiebelkränze einer nach dem anderen diese urtümliche „Zwiebelmusik" machen, sehr zum Entsetzen seiner Großmutter, die ihn zu ihrem Bedauern erst beim letzten Zwiebelkranz erwischte.

6.5 Der Mut zum Scheitern und das Lachen
Grock hatte alles, was einen Clown ausmacht. Er war einer der bekanntesten und erfolgreichsten Clowns in der ersten Hälfte des 20. Jh.

Er hatte das Kindlich-Heitere, das Lärmend-Polternde, die leisen und lauten Töne, einen Hauch Melancholie und die ganze Palette von Angst und Trauer, Freude und Triumph. Seine Szenen zeigten die Tücke des Objekts und des Zufalls, Glück und Unglück, Schmerz und Lust, die Widersprüchlichkeit und die Vielfalt des Lebens. Eben noch stolperte er über einen Strohhalm, im nächsten Augenblick aber flog er bereits über einen anderen Gegenstand (vgl. Hoche, S. 54). Grock zeigte immer wieder den Mut zum Scheitern, der als zentraler Aspekt zum Wesen des Clowns gehört:

Grock betritt mit kalkweiß geschminktem Gesicht unter einer helmartigen grauen Filzkappe und geschminktem Lachmund die Bühne. Seine großkarierte Jacke ist mit einer riesigen Sicherheitsnadel zusammengehalten. Er trägt sehr große Clownsschuhe. Mit sich schleppt er einen gewaltigen Koffer, dem er eine Geige entnimmt und spielt.

„An passender Stelle wirft er den Geigenbogen in die Luft, versucht ihn aufzufangen, greift aber daneben. Auch beim zweiten, dritten und vierten Mal. Deshalb wird der Künstler böse, das muss er noch üben. Am besten gleich hinter dem Vorhang. Und dort fliegt, für das Publikum sichtbar, immer wieder der Bogen in die Höhe und fällt nicht auf den Boden. Wenns nicht darauf ankommt, dann klappt die Sache. Strahlend latscht Grock wieder zur Manegenmitte und zeigt nun, was er gelernt hat. Nichts! Denn der Trick geht daneben, immer und immer wieder, bis der Virtuose es wütend aufgibt und nur noch spielt. Er spielt brillant, hingebungsvoll, selbstvergessen – und merkt gar nicht, dass er unversehens wider den Bogen hochwirft und sicher wieder auffängt. „Nit möööööglich…!" (Hoche, S. 55)

Der Clown bringt seine Zuschauer am meisten zum Lachen, indem er seine eigene Schwächen, Misserfolge und sein Scheitern darstellt. Sicher, da die Zuschauer sehr gerne über Schwächen und Missgeschicke lachen, aber meist über die der anderen! „Der Clown stellt sich bloß, nicht andere. Er erinnert uns auch an uns selbst, denn wir würden uns ungern unsere eigenen Schwächen eingestehen" (Gilmore, S. 86), aus der Angst heraus, dass andere dies ausnutzen könnten.

Zum Clown mit seinen archetypischen Aspekten des Tricksterhaften gehört aber auch das Scheitern als Versuch, etwas Neues zu finden. „Für den Clown markiert das Scheitern nicht das Ende eines Spiels, sondern den Anfang eines Neuen. Im Moment seiner tiefen Niederlage entdeckt er eine neue Möglichkeit zu einer noch tieferen Niederlage" (Galli, 2008, S. 155).

Wenn man sich in einer aussichtslosen Situation verrannt hat und nicht mehr weiter weiß, wird oft ein kreativer Impuls oder eine Idee geboren, etwas Neues und Unbekanntes, das über unsere bisherige Erfahrung und unser Wissen hinausgeht und oft mit der inneren Weisheit des Clowns zusammenhängt. Wir lachen, wenn etwas übertrieben dargestellt wird, unerwartet auftritt und auf unbeholfene Art gemacht wird. Ebenso wenn Dinge unlogisch, bzw. absurd sind und mit der alltäglichen Logik nicht übereinstimmen.

So schob Grock in einer seiner bekanntesten Nummern das Klavier unter Einsatz all seiner Körperkräfte zum Stuhl, um spielen zu können und den Abstand zwischen beiden zu verringern (und nicht den Stuhl zum Klavier!). „Die Komik liegt darin, das Naheliegende nicht zu tun, sondern, um die Situation ins Richtige

Grock (1880 – 1959) war ein berühmter Akrobat, Musikclown und Komponist (www.wikimedia.org)

zu rücken, etwas Unerwartetes zu unternehmen." (Dimitri, 2005, S. 29)

„Da, wo etwas wirklich lustig ist, da ist auch immer die Traurigkeit. […] In der Übertreibung wird das Komische sichtbar. Der Clown ist für mich ein Antiheld. Denn ein Held gibt seine Schwächen nie zu. Wie viele Menschen versuchen ein Leben lang stark zu sein und ihre Schwächen zu verbergen. Der Clown hingegen spielt mit ihnen." (Dimitri, 2005, S. 88 f.)

In der realen Welt wäre er ein Versager und könnte nicht bestehen. Der Clown ist eine Figur, die alles verlieren kann, um dennoch siegreich dazustehen. Er ist eine weise Figur, in welcher eine tiefe Melancholie gründet. „Es ist das Privileg des Clowns, Komik aus Tragik zu schaffen, blinzelnd über die Wirklichkeit zu stolpern, sein Schmerz wird zum Gelächter des Publikums. Als Spötter überschreitet er die Grenzen der Moral, der Tabus und stellt sich den menschlichen Schwächen." (Moser-Ehinger 1986, S. 69)

Literatur

Abrams, Jeremiah (1996): Die Befreiung des inneren Kindes. München: dtv

Abrams, Jeremiah (1997): Schattenseite der Seele. München: dtv

Barloewen, Constantin (2010): Clowns. Versuch über das Stolpern. München: Diederichs

Dimitri (2005): Humor. Gespräche über die Komik, das Lachen und den Narren. Dornach: Verlag am Goetheanum

Fellini, Frederico (1974): Aufsätze und Notizen. Zürich

Galli, Johannes (2008): Die Lust am Scheitern. Freiburg: Galli

Gilmore, David (2007): Der Clown in uns. München: Kösel

Grock (1930): „Grock- ich lebe gerne," München: Knorr Hirth

Hoche, Meissner, Sinhuber (1983): Die großen Clowns. Athenäum: Königsstein

Jung, C. G. (1995): Gesammelte Werke. Bd. 6 Düsseldorf: Walter

Kluge (1999): Etymologisches Wörterbuch der dt. Sprache. Berlin: De Gruyter

Remy; Tristan (1982): Clownsnummern. Köln: Kiepenheuer & Witsch: 1982

Fried, Annette, Keller, Joachim (1996): Faszination Clown. Düsseldorf: Patmos

Moser- Ehinger, Susann u. Hansueli (1986): Gardi Hutter, die Clownerin. München: Panorama

Müller Lutz und Anette (Hrsg): www. Symbolonline.de (Symbollexikon im Internet)

Schmid, Wilhelm (2007): Mit sich selbst befreundet sein. Von der Lebenskunst im Umgang mit sich selbst Frankfurt: Suhrkamp

Schöttker, Detlev Hrsg. (2003): Philosophie der Freude. Leipzig: Reclam

Ronnberg, Ami, Martin, Kathleen (2011): Das Buch der Symbole. Betrachtungen zu archetypischen Bildern. Köln: Taschen

Titze, Michael (1995): Die heilende Kraft des Lachens. München, Kösel

Titze, Michael, Eschenröder, Christof (1998): Therapeutischer Humor. Frankfurt: Fischer TBV

Annette Kuptz-Klimpel
Analytische Kinder und Jugendlichen-Psychotherapeutin in eigener Praxis in Nürtingen, Supervisorin und Dozentin am C. G. Jung-Institut Stuttgart. Schwerpunkte sind Symbole und Märchen, Humor und Spiel als Heilfaktor in der Kinder- und Jugendlichen-Psychotherapie. Weiterbildungen im Bereich Humor und Clown.

In Zürich kommt ein Herr zu einem Psychiater und sagt, es gehe ihm so schrecklich schlecht, er drohe in eine Depression zu fallen, und was der Doktor ihm raten könne. Der Arzt guckt aus dem Fenster seiner Praxis, sagt: „Da liegt der Zürisee, es ist herrliches Wetter, man kann bis zu den Bergen sehen, der Himmel ist blau, die Luft lau. Gehen Sie da spazieren, Sie werden lauter fröhliche, gut gekleidete Menschen treffen, die den Frühling genießen."
Er macht eine Pause, dann fährt er fort: „Dann ist es Mittag, Sie gehen in eines der hervorragenden Restaurants, etwa in die Kronenhalle, essen dort ein Zürcher Geschnetzeltes, trinken einen schönen Wein." Wieder setzt er neu an: „Und am Nachmittag, da schlendern Sie die Bahnhofstraße entlang, gucken in die Schaufenster der wunderbaren Bekleidungsgeschäfte, in die Confiserien, wo es die beste Schokolade, das beste Konfekt und sehr guten Kaffee gibt."
Nach einem Moment sagt der Arzt auf einmal: „Ah, und am Abend, da müssen Sie unbedingt in den Zirkus gehen! Der wird Ihnen Ihre melancholische Laune sofort vertreiben. Dort tritt Grock auf, der große Clown Grock."
Darauf blickt ihn der Mann traurig an und sagt: „Aber ich bin Grock!"

(H. Karasek, Soll das ein Witz sein? Berlin: Quadriga, 2011, S. 36)

Narren, Weise und andere „Freaks" (2)

Tafel aus: The Ranworth Antiphoner,
14. Jh., www.broadsideparishes.org.uk

Narren sind lange Zeit sehr ambivalent gesehen worden. In einer Illustration des Psalms 53 (52) aus dem 12. Jahrhundert ist eine „gottlose" nackte Gestalt mit einer Keule als Gegenfigur zum weisen König David dargestellt. In späteren Darstellungen des Psalms wird daraus eine buntgekleidete Figur, manchmal auch mit Narrenschellen und mit einem Spiegel.

Diese negative, dunkle, törichte, wohl dem Teufel nahestehende Narrengestalt (vgl. den Mephisto in Goethes Faust) bildet auch eine Verbindung zur Fastnacht, den Hexen- und Narrenzügen, den Fastnachtsgelagen des Mittelalters oder zu dem Treiben in der Walpurgnisnacht. Sie soll zeigen, dass das ausufernde, närrische, obrigkeitslästernde Feiern vergänglich und des Teufels ist und deswegen am Aschermittwoch enden und zur Umkehr hin zu Gott führen muss.

Auch körperlich oder geistig von der Norm abweichende Menschen, die den Regeln nicht folgten, wurden im Altertum und bis ins Mittelalter als Narren, Toren, Gecken oder Verrückte bezeichnet. Das Mittelalter nannte sie in der ihm eigenen Grobheit auch „natürliche Narren" und stellte sie zur allgemeinen Belustigung z. B. in Käfigen aus und bloß. Didaktische Motivation solcher Methoden war wohl im weitesten Sinn einerseits die Idee der Abschreckung – mit der Botschaft: „Verhalte Dich angepasst!"–, und andererseits die Idee der Katharsis – mit dem Grundgedanken, die Seele durch das Durchleben von Angst, Furcht und Schrecken bei gleichzeitigem Mitleiden und Lachen von negativen Affekten zu reinigen. Diese „Reinigung" sollte dann ein den Normen entsprechendes, untadeliges Verhalten ermöglichen.

Bekanntes Beispiel aus der Kunst für diese Form der „Belustigung" ist der von Velázquez gemalte Don Sebastián de Morra, der im 17. Jahrhundert Hofzwerg des Königs Philipp IV. von Spanien war. Der König, der zu Depressionen neigte, konnte, so wird berichtet, ohne seine Hofzwerge und Narren nicht essen und trinken.

Häufig liegen, das lässt auch Velázquez Bild ahnen, Tiefe, Weisheit, Kindlichkeit und Narrheit eng beieinander, wie wir es beim heiligen Narren, beim Alten Weisen und beim Göttlichen Kind sehen.

Velázquez, Don Sebastián de Morra, ca. 1664, Prado, Madrid

Der Pinocchio-Komplex

Wenn das Lachen in die Erstarrung führt und wie Schamgefühle durch Humor überwunden werden können

Michael Titze

*Der Humor
trägt die Seele über Abgründe
hinweg und lehrt sie,
mit ihrem eigenen Leid zu spielen*

(Anselm Feuerbach)

Für das psychopathologische Verständnis der Scham bzw. für den praktisch therapeutischen Umgang mit dieser ist es von Nutzen, sich der doppelten Bedeutung dieses emotionalen Phänomens bewusst zu werden. Charles Darwin definierte Scham bereits als eine „geistige Verwirrung", die mit einer großen Spannung verbunden ist. Dadurch kommt es zu einer abrupten Dämpfung spontaner Lebensfreude. Scham ist im Grunde ein angeborenes Sicherungsgefühl, das die personale Integrität behüten soll.

Aber im Gegensatz zur nahe stehenden Angst dient die Scham nicht dem Zweck physischer Selbsterhaltung. Sie soll vielmehr eine weitere Beeinträchtigung des Selbstwertgefühls verhüten: So sucht sich schon das Kleinstkind vor den Augen der Welt zu verbergen, indem es den Blick abwendet und sich verstecken will. René Descartes beschrieb erstmals eine Form der Scham, die das gesamte Selbst eines Menschen betrifft. Es ist dies die Scham, „man selbst zu sein." Descartes bezeichnete diese auf das Selbst bezogene Scham (im Gegensatz zu der als la pudeur bezeichneten „natürlichen Körperscham") als „la honte". Damit nahm Descartes die Erkenntnisse der neuen Schamforschung vorweg.

So beschreibt Michael Lewis (1993, S. 95) die selbstbezogene Scham als ein Gefühl, das dann aufkommt, wenn ein Mensch zu der Überzeugung gelangt, „alles falsch gemacht zu haben". Während die behütende Scham eine „unentbehrliche Wächterin der Privatheit und der Innerlichkeit [über] den Kern unserer Persönlichkeit" (Wurmser, 1993, S. 74) ist, wirkt sich die selbstbezogene Scham

Holzskulptur von Pinocchio im Muzeon-Park von Moskau (www.wikimedia.org)

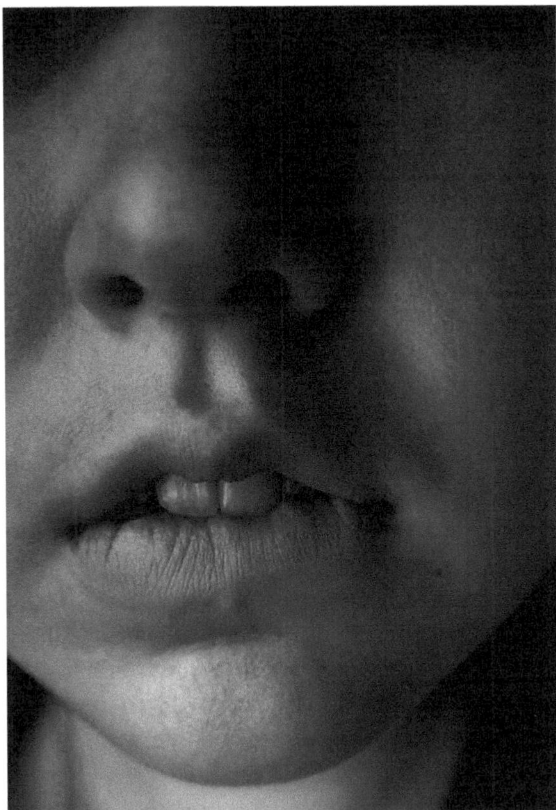

Foto: whatmegsaid (www.flickr.com)

destruktiv aus. Sie gipfelt in der Überzeugung, das Anrecht auf Menschenwürde verspielt zu haben, wie es Gershen Kaufman (1985, S. 7) sinngemäß ausdrückt.

Die auf das Selbst bezogene Scham entspricht dem Erlebnis völliger Bloßstellung, Demütigung und Minderwertigkeit. Das eigene Selbst wird zum Gegenstand grenzenloser Verachtung. Der Betroffene erlebt sich als Fremder unter Fremden. Er sieht sich selbst als völligen Versager, dem nichts mehr zuzutrauen ist. Die auf das Selbst bezogene Scham ist eine „Krankheit der Seele", schreibt Silvan Tomkins (1963, S. 118). Aus ihr entspringt der Drang, sich zu verbergen bzw. aus der mitmenschlichen Welt zu „verschwinden" (Wurmser, 1993, S. 74 u. S. 144-147).

Die Ursache einer schamspezifischen Störung liegt häufig in einer Familienstruktur, die Almuth Sellschopp-Rüppell und Michael von Rad (1977, S. 356) wie folgt beschreiben: (1) Es besteht eine überzogene Forderung an das Kind, sich allein den Eltern gegenüber loyal zu verhalten. Dadurch wird ein Dressurgewissen generiert, das für eine übergroße Bindung an die Eltern sorgt. Das wiederum kann unlösbare Konflikte mit außenfamiliären Liebesobjekten nach sich ziehen. (2) Oft lassen sich ein pseudostarker Vater und eine instabile, unzuverlässige Mutter finden. (3) Bestimmend ist eine überzogene und unnachgiebige normative Ideologie (bezüglich dessen, was im Rahmen der Familie richtig und falsch zu sein hat). Zudem lässt der unerschütterliche Glaube an die eigene Güte und Selbstlosigkeit auf Seiten der Eltern kaum eine rationale Selbstkritik entstehen.

Diese Eltern beurteilen die expansive Lebenskraft ihrer Kinder im Allgemeinen negativ. Sie wünschen sich ein Wesen, das nur für sie da ist und das so pflegeleicht ist wie eine unlebendige Spielzeugpuppe. Sie wollen ein Kind, das adrett, lieb, brav und „vorzeigbar" ist, das sich problemlos lenken und maßregeln lässt. Die unruhige Lebendigkeit eines Kindes aus Fleisch und Blut irritiert sie und macht sie ärgerlich. Sie nehmen Anstoß an seiner Ausgelassenheit. Sie können seiner kichernden Fröhlichkeit und seinen harmlosen Blödeleien nichts abgewinnen, insbesondere dann nicht, wenn dies im Kreise von Gleichaltrigen geschieht, auf die sie – uneingestanden – eifersüchtig reagieren.

Wenn sich das Kind den normativen Forderungen der Eltern nicht fügt, können diese häufig mit beschämenden Bestrafungen reagieren. Dazu gehört zunächst eine spezifische Mimik, die Enttäuschung anzeigt. Außerdem gehören, neben einer konsequenten Nichtbeachtung, vor allem auch ironische und sarkastische Bemerkungen zu diesen Bestrafungen. Gerade das Lächerlichmachen bringt ein Kind dazu, sich den elterlichen Erwartungen zu fügen (vgl. Titze, 2011). Dadurch wird die idiosynkratische Struktur der Familie einerseits stabilisiert, gleichzeitig verlieren solche Kinder aber den Bezug zu außerfamiliären Sozialisationsagenturen. Dies hat zur Folge, dass der Erwerb sozialer Kompetenzen stark beeinträchtigt wird und diese Kinder auf die Anderen komisch wirken können (Titze 2007a, S. 139 ff.;

2009, S. 32 ff.). Infolge der Identifikation mit der privaten Wertewelt ihrer Eltern mangelt es ihnen zunehmend an jenem sensus communis, den Immanuel Kant als Voraussetzung für die normale Teilhabe am Gemeinschaftsleben auswies.

Henri Bergson (1921, S. 98) ging ebenfalls davon aus, dass das Komische als Folge der Nichtbeachtung sozialer Übereinkünfte entstehe: Komisch wird der sozial Isolierte, weil dieser durch sein Abweichen von der Durchschnittsnorm auffällt. Dabei handelt es sich nicht um moralische Normverstöße, sondern um eine Verletzung der impliziten Spielregeln sozialen Zusammenlebens. Diese kann nur der gesellige Mensch wirklich beherrschen. Kinder und Jugendliche, die – allein aufgrund mangelnder Übung – nicht (oder nur unzureichend) über die Fähigkeit verfügen, die normativen Erwartungen Gleichaltriger zu antizipieren bzw. zu verstehen, werden sich zwangsläufig unangemessen bzw. „komisch" verhalten. Sie gelangen in aller Regel in die beschämende Position des lächerlichen Außenseiters, was die Dynamik der Schamgenese zusätzlich fördert. Denn Scham bewirkt grundsätzlich eine leibliche Erstarrung, die den Beschämten seiner „natürlichen Geschmeidigkeit" (Bergson, 1921, S. 16 ff.) beraubt, sodass sich Mimik und Gestik der Betroffenen verkrampfen. Die entsprechenden „hölzernen" Bewegungen akzentuieren das komische Erscheinungsbild der Betroffenen noch zusätzlich. Wir sprechen dann von einem „Pinocchio-Komplex" (Titze, 2007a, S. 20 ff.).

Der Weg aus der Scham
Die psychotherapeutische Behandlung der Scham erfordert viel Taktgefühl und vor allem großes Einfühlungsvermögen. Verschiedentlich wird in der Fachliteratur auf die Gefahren hingewiesen, die manche Psychotherapieverfahren in diesem Zusammenhang in sich bergen können. So hat James Anthony (1981, S. 191) gerade die aufdeckende Psychotherapie als eine „Arena der Scham" bezeichnet. Der Affektforscher Donald Nathanson (1994, S. 19) bestätigt diese Besorgnis ebenfalls. Er schreibt: *„Jede Enthüllung – jedes Stück Erinnerung, das aus dem Verborgenen ins Bewusstsein geholt wird – ruft zwangsläufig einen jähen Ausbruch von Scham hervor. Erinnerungen sind aus guten Gründen verdrängt worden!"* Deshalb wird auf Seiten des Therapeuten oder Analytikers eine Haltung gefordert, die von einer „bedingungslosen positiven Wertschätzung" (Rogers, 1972) des Klienten geprägt ist. Dadurch soll die Voraussetzung für eine therapeutische Haltung geschaffen werden, die Nathanson (1994, S. 46) als „Gegenscham" bezeichnet.

In der Behandlung der Scham kommt der Analyse des Dressurgewissens eine zentrale Bedeutung zu. Denn dieses stellt unerbittliche Forderungen. Es lässt das Durchschnittliche nicht gelten, weil es sich an unrealistischen Idealnormen orientiert. Dem

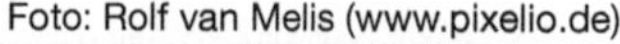

Foto: Rolf van Melis (www.pixelio.de)

schamspezifischen Dressurgewissen ist nichts gut genug; es ist die ewig nörgelnde Instanz, welche die ablehnende Haltung, die vorwurfsvollen Stimmen und die verächtlichen Blicke selbstbezogener Erzieher wieder und wieder zum Ausdruck bringt.

Dieses Gewissen wehrt das ab, was Fjodor Dostojewski (1964) als das „lebendige Leben" bezeichnet hat. Dieses (biografische, existenzielle oder gesellschaftliche) Leben ist aber keineswegs „perfekt", es ist in seinem Vollzug nicht bis ins kleinste Detail reglementierend durchdacht. Sobald es auf hypostasierte Fehler, Irrtümer und Sünden überprüft wird, gerät sein spontanes Fließen ins Stocken. Es wird gehemmt. Das starre Dressurgewissen schamgebundener Menschen trägt zu dieser Hemmung selbst unentwegt bei. Dadurch ist es aggressiv in einem destruktiven Sinne. Denn es lähmt die Lebenskraft und es vergiftet die Lebensfreude. Deshalb muss sein Einfluss aus psychotherapeutischer Sicht konsequent eingeschränkt werden, damit ein „Mut zur Unvollkommenheit" entstehen kann, der die gebundene Lebenskraft freizusetzen hilft.

In unserer therapeutischen Arbeit gehen wir tiefenpsychologisch vor, indem wir versuchen, die Entstehungsbedingungen der selbstbezogenen Scham aufzudecken. Damit richtet sich unser Augenmerk zunächst auf die Vergangenheit, die Lebensgeschichte des Patienten. Seine Erinnerungen vermitteln uns Bilder aus seiner Kindheit. Und diese Bilder verdichten sich allmählich zu einem komplexen Sinngehalt, der uns den spezifischen „Lebensstil" dieses Menschen affektiv begreifen lässt (Titze, 1979).

Dies ist die Voraussetzung dafür, sich in die Sphäre affektiven Kindseins „intropathisch" (Henry) hineinzuversetzen. Hier ist auch jenes Potenzial schöpferischen Könnens begründet, das erst allmählich, das heißt in den Jahren der Sozialisation durch Schuld- und Schamangst als „Hemmung" gebunden wurde. Diese Hemmung wurde von uneinfühlsamen, weil selbstbezogenen Erziehern vermittelt, die das affektive Gutsein des Kindes weder erkannt noch anerkannt hatten. So wurde dieses Kind mit starren „Man-muss"-Vorstellungen konfrontiert, die in ihrem lebensfremden Absolutheitsanspruch vor allem das Eine bewirkten – die Entstehung eines „schlechten Gewissens".

Dieses schlechte Gewissen wirkt wie ein Fremdkörper im Fleisch des lebendigen Kindes. Es schüttet das schleichende Gift beschämender Entmutigung aus – bis schließlich diese Überzeugung sein ganzes Denken beherrschen kann: Ich bin schlecht, unfähig und daher nicht liebenswert.

Diese schamspezifische Überzeugung ist es, die im Verlauf der Psychotherapie allmählich aufgelöst bzw. „dekonstruiert" werden soll. Eine unerlässliche Voraussetzung dafür ist, den beschämenden Einfluss des schlechten Gewissens zu reduzieren. In diesem Zusammenhang ist die Technik der „intropathischen Reduktion" (vgl. Titze 2003, S. 234), die eine Ausklammerung bzw. Dekonstruktion sekundärer Realitätsauslegungen ermöglicht, von entscheidender Bedeutung.

Diese Reduktion ermöglicht den Zugang zu der Sphäre affektiven Kindseins, in der das rein lebendige „Gutsein der Affekte" begründet ist (Kühn & Titze, 1997). Unter dieser Voraussetzung kann Psychotherapie zu einem „Fest des Lebens" (Kühn, 1994) werden. Denn das unverletzte Kind im Patienten ist voller Lebenslust und kreativer Fantasie. Dieses „Kind" will sich ausleben: Es will fröhlich sein, und es will zusammen mit anderen Menschen lachen. Deshalb gehen wir des Weiteren davon aus, dass die Therapie der Scham in der Gemeinschaft fröhlicher Menschen stattfinden sollte.

Der therapeutische Humor

Unter dieser Voraussetzung lässt sich allmählich auch jenes „Urvertrauen" wiederfinden, das bei schamgebundenen Menschen verschüttet wurde. Dieses Wiederfinden geht einher mit einer geänderten Einstellung gegenüber dem Lachen: Wird dieses als Ausdruck positiver Lebenskraft und gemeinschaftlicher Zusammengehörigkeit wiederentdeckt und

-erlebt, so kann es allmählich seine negative Bedeutung verlieren. Denn es war immer auch die Angst vor dem Ausgelachtwerden (Gelotophobie), die einen Menschen im Laufe seiner Sozialisation dazu brachte, sich hinter der Mauer der Scham zu verschanzen.

Diese Angst war es, die letztlich zu der unheilvollen Überzeugung führte: Ich bin nicht liebenswert, weil ich lächerlich und komisch bin. Der Weg, der aus der Schamangst hinausführt, ist lang und beschwerlich. An seinem Anfang steht ein Widerstand, der nur scheinbar negativ ist. Denn in diesem Widerstand kommt schon jene ursprünglich affektive Lebenskraft zum Ausdruck, die sich schließlich im Lachen eines „un-verschämten" Kindes äußern kann.

Diese Lebenskraft im Sinne des rein phänomenologischen Lebens bleibt dem Menschen immer erhalten. Sie wird durch die Schamangst zwar gebunden, sodass sie sich nur in gewandelter Form äußert – etwa in erhöhter Reizbarkeit oder einer gesteigerten „Nervosität", die den gesamten Organismus in Unruhe versetzen kann. Angstattacken, Schlaflosigkeit und vegetative Dysregulationen können dann die Folge sein. All dies belastet einen ohnehin schon an sich zweifelnden Menschen natürlich gewaltig. Er sieht solche „Symptome" als die eigentliche Ursache seines Leidens an. Und deshalb will, muss er sie bekämpfen. Fast nie begreift der Betroffene, dass eben diese Symptomatik der unmittelbar affektive Ausdruck einer Lebenskraft ist, die aus Scham – oft über viele Jahre hinweg – abgewehrt wurde.

Das Humordrama
Das Humordrama ist in diesem Zusammenhang eine spezifische Therapieform, die darauf abzielt, (a) die Furcht vor dem beschämenden Lächerlichsein zu überwinden und (b) Möglichkeiten zu eröffnen, (wieder) in einer natürlichen Weise zu lachen und dadurch Freude am Leben zu verspüren (vgl. Titze, 2007a, Kap. 13).

Die Familientherapeuten Almuth Sellschopp-Rüppell und Michael von Rad (1977) schlugen zur Behandlung des „Pinocchio-Syndroms" eine therapeutische Vorgehensweise vor, die auf szenische Mittel zurückgreift. Das ist im Rahmen einer Gruppentherapie, die nicht allein auf verbalen Methoden aufbaut, am ehesten möglich. Die Voraussetzungen, die das Psychodrama bietet, stellen dabei eine generelle Basis bereit; allerdings wird im Humordrama konsequent mit den Mitteln des therapeutischen Humors gearbeitet.

Im Humordrama geht es zunächst um die Schilderung Scham auslösender Situationen, die dabei in einen lebensgeschichtlichen Zusammenhang gestellt werden. Dies entspricht der allgemeinen Methodik einer aufdeckenden Psychotherapie. So werden verschiedene Stationen der Schamentstehung erkennbar. Sie sind Glieder einer Kette, die sich aus der aktuellen Gegenwart im Hier und Jetzt der Gruppensituation über die Jahre hinweg bis in die Beziehungsstruktur der Herkunftsfamilie hinein verfolgen lassen.

Fokussiert wird dabei die Angst, sich „daneben zu benehmen", etwas Falsches zu sagen bzw. zu machen, dadurch unangenehm aufzufallen und sich selbst lächerlich zu machen. Alle diesbezüglichen therapeutischen Interventionen dienen der Relativierung dieses „faustischen Drangs zur Unauffälligkeit" (Frankl), der sich von einem starren Dressurgewissen herleitet (Titze, 1997).

Dieses Gewissen entstand in einer frühen Phase der Sozialisation, in der sich der betreffende Mensch mit den idealnormativen Idealen seiner primären Bezugspersonen identifizieren musste, um das Fundament seiner sozialen Identität zu entwickeln.

Gerade bei Menschen, die parentifizierenden Einflüssen ausgesetzt waren, sind diese Man-muss-Vorstellungen in einer unrealistischen Weise verzerrt. Sie bringen zum Beispiel unangemessene altruistische Sollens-Forderungen zum Ausdruck, die nur scheinbar Äußerungen von Mitgefühl sind (Beispiel: Ich darf niemanden enttäuschen; ich muss es jedem recht machen; ich muss immer nachgeben!).

Diese verabsolutierenden Man-muss-Imperative können im Humordrama so weit überzogen werden, bis sich ihre entsprechende Aussage als absurd oder lächerlich erweist. (Beispiel: „Bemühen Sie sich in diesem Rollenspiel

*Denn das unverletzte Kind im Patienten ist voller Lebenslust
und kreativer Fantasie.
Dieses „Kind" will sich ausleben:
Es will fröhlich sein, und es will zusammen mit anderen Menschen lachen.*

nicht nur mit Worten, sondern mit ihrer ganzen Körperhaltung uns allen zu zeigen, dass Sie jemand sind, der es wirklich geschafft hat, es jedem recht zu machen!"). Somit werden jene Charakterzüge des Protagonisten, die zu seinem „komischen" Erscheinungsbild wesentlich beigetragen haben, mit größtmöglichem Enthusiasmus gutgeheißen. Diese Intention geht nicht allein vom Therapeuten aus, sondern wird von der gesamten Gruppe mit begeistertem Beifall belohnt.

So folgt diese Vorgehensweise konsequent der Idee der „paradoxen Intention", die nach Viktor E. Frankl (1984, S. 124) dahin geht, „dass sich der Patient wünschen bzw. vornehmen soll, was er bisher so sehr gefürchtet hat." Der Therapeut soll in diesem Zusammenhang als paradoxes Vorbild fungieren: „Hierzu bedarf es eines Mutes zur Lächerlichkeit. Der Arzt darf sich nicht genieren, dem Patienten vorzusagen, ja vorzuspielen, was sich der Patient selbst sagen soll" (Frankl, 1959, S. 164). Aus dem lebensgeschichtlich bestimmenden Zwang zur Unauffälligkeit soll so ein bewusster Wille zur Auffälligkeit werden.

Der Clown als Identifikationsfigur

Menschen, die unter schamspezifischen Symptomen leiden, befinden sich zwangsläufig in der Position eines unfreiwilligen Clowns, das heißt, eines Individuums, das die Anderen ungewollt zum Lachen bringt. Gemäß der geschilderten Idee der paradoxen Intention sollen die Betroffenen im Rahmen des Humordramas lernen, die Position eines freiwilligen Clowns einzunehmen (vgl. Titze 1997, 2007b).

Der Clown, als trotziger „Gegenteiler" (Jung et al., 1954, S. 7 f., S. 190), ist die Leitfigur des Therapeutischen Humors. Seit jeher war der Clown bzw. „Schelm" Symbolfigur für eine

Lebenseinstellung, die sich an den affektiven Impulsen ursprünglichen Kindseins orientiert (vgl. Titze 2007a, Kap. 14). Im Sinne der Psychoanalyse lebt der Clown bedenkenlos das primärprozesshafte „Lustprinzip" aus. Dabei steht er in einer ständigen trotzigen Opposition gegenüber den normativen Sollensforderungen des Erwachsenenlebens bzw. des sekundärprozesshaften „Realitätsprinzips".

Alles, was der Clown versinnbildlicht, gehört somit zur Lebenswelt eines kleinen Kindes: Es sind dies eine motorische Unbeholfenheit und Tollpatschigkeit, eine Unvernunft (die aus der Erwachsenenperspektive „dümmlich" erscheinen mag), das lustvolle Ausleben sadistischer und skatologischer Impulse sowie eine verbale Unvollkommenheit, die sich in einem komischen Stammeln und Radebrechen kundtut.

Der Clown ist mithin das Sinnbild des „unverschämten" Kindes, das seine Lebenskraft im Sinne einer „lustvoll-lustigen" Selbststeigerung nutzen kann. Dieses Können kann freilich erst dann erprobt werden, wenn der hemmende Einfluss des Dressurgewissens ausgeklammert wird. Damit wird der unheilvolle (Gedanken-)Zwang zum „Bessersein" ebenso hinfällig wie die beschämende Angst, „etwas falsch zu machen", zu versagen oder zu scheitern.

Wenn, um ein Beispiel zu nennen, der Protagonist im Rahmen eines Rollenspiels mit Scham provozierenden Bezugspersonen konfrontiert wird, wird dieser vom therapeutischen Clown so konsequent zu einer gegenprovokativen Haltung angeregt, dass die lebensgeschichtlich gewachsenen Hemmungen gar nicht zum Tragen kommen können. Denn eine wesentliche Voraussetzung dafür ist das bewusste Reflektieren dessen, was die normativen Vorhaltungen, moralisierenden Vorwürfe

Foto: Rike (www.pixelio.de)

oder auch die nonverbalen Äußerungen von Ablehnung bedeuten können.

Diese selbstkritische Reflektion verunmöglicht der therapeutische Clown, wenn er dem Protagonisten zum Beispiel unaufhörlich respektlose Bemerkungen über persönliche Schwächen der betreffenden Gegenspieler ins Ohr flüstert, unverschämte Faxen macht oder stereotyp einen bestimmten Kraftausdruck von sich gibt. Dadurch wird das rationalisierende Erwachsenendenken gleichsam blockiert, sodass sich ein eingefahrener, schambezogener Teufelskreis nicht mehr aufbauen kann. Diese Vorgehensweise möchte ich an einem Fallbeispiel erläutern:

Herbert S. wuchs als nicht eheliches Kind bei seinen Großeltern auf. Stets kam er sich als fünftes Rad am Wagen vor, fühlte sich nicht geliebt und spürte die Schande, die er seiner Familie offenbar bereitete. Der vernichtende Blick, den ihm seine Großmutter zuzuwerfen pflegte, wenn er nicht ganz ordentlich aß oder keine sauberen Fingernägel hatte, geht ihm noch heute durch Mark und Bein. Obschon längst erwachsen, leidet Herbert noch heute unter den Folgen seiner Kindheit. Vor allem bei formalen Gesprächssituationen beginnt er schnell zu schwitzen, spürt, wie sein Herz zu rasen beginnt und er Atemnot bekommt. Der bloße Gedanke, jetzt sprechen zu müssen, ruft Panik hervor. Ähnliche Ohnmachtsempfindungen treten auf, wenn Herbert vor den Augen eines kritischen Bankangestellten oder Hotelportiers ein Formular unterschreiben soll oder wenn er bei einem Bankett den Suppenlöffel oder die Kaffeetasse zum Mund führen will.

In einer der entscheidenden Humordrama-Sitzungen sah das Setting wie folgt aus: Nebst der Großmutter fielen Herbert noch zwei weitere Menschen ein, bei denen er sich in seinem

Leben ähnlich wertlos und ungeliebt fühlte. Dies waren eine frühere Lehrerin und sein jetziger Vorgesetzter. Nachdem drei Gruppenteilnehmer diese Rollen übernommen hatten, wurde eine Situation gespielt, die in Herberts Kindheit über lange Zeit besonders konfliktträchtig gewesen war: Beim gemeinsamen Mittagessen mit den Großeltern wurde ihm regelmäßig vorgeworfen, beim Kauen schmatzende Geräusche zu machen. So sehr er sich auch bemüht hatte, dies zu vermeiden, so war es ihm offensichtlich niemals gelungen, wirklich geräuschlos zu essen.

Mit dieser „Verfehlung" wurde er von seinen drei Gegenspielern konfrontiert. Diese hatten die Aufgabe, ihm stereotyp zuzurufen: „Iss endlich leise! Merkst du denn nicht, dass du ekelhaft bist!" Zunächst schien Herbert wie erstarrt. Mit weit aufgerissenen Augen hörte er sich diese Vorwürfe an. Doch allmählich begann er, den unverschämten Einflüsterungen des therapeutischen Clowns Gehör zu schenken. Seine Gesichtszüge hellten sich auf. Er begann, vernehmlich zu schmatzen. Allmählich ging er dazu über, feixend Geräusche von sich zu geben, so als müsste er sich übergeben. Dies führte dazu, dass einige der nicht beteiligten Gruppenmitglieder zu lachen begannen.

Nun begann Herbert zu rülpsen und kurze Zeit später, Darmgeräusche zu imitieren. Dazu drehte er sich (zusammen mit dem Clown) mit gebeugtem Oberkörper um die eigene Achse, sodass die Gesäße der beiden in Richtung der Kontrahenten zeigten. Die Stimmung wurde immer ausgelassener. Schließlich entfernte sich der therapeutische Clown. Zuvor hatte dieser Herbert einen deftigen Tipp gegeben: Stereotyp und lautvernehmlich „Leckt mich ..." zu rufen!

Als Herbert dies in die Tat umsetzte, konnte man spüren, wie beflügelt seine Lebensgeister waren. Seine Körperhaltung straffte sich, die Stimme wurde immer lauter und fester und der zuvor angespannte Gesichtsausdruck lockerte sich immer mehr auf. Schließlich ging Herbert lachend auf seine Widersacher zu, um sie nacheinander fest an sich zu drücken.

Therapeutische Clownsarbeit

Im Humordrama fungiert ein „therapeutischer Clown" als Co-Therapeut. Er oder sie erweist sich als das Ebenbild eines unverletzten bzw. „un-verschämten" Kindes. Der therapeutische Clown spielt dem betreffenden Protagonisten (im Sinne der paradoxen Intention) vor, was es heißt, sich bedenkenlos über starre Man-muss-Ideale hinwegzusetzen bzw. die Realitätssphäre normativen Erwachsenseins auszuklammern. Die rote Nase des Clowns symbolisiert diese Ausklammerung. Sie weist darauf hin, dass eine Reduktion auf die Sphäre unverletzten Kindseins stattgefunden hat. In dieser Sphäre entfaltet sich ein spielerisches Können, das nur weniger Mittel bedarf und das dennoch Anlass zu spontaner Lebensfreude ist. Sobald sich ein Patient die rote Clownsnase aufgesetzt hat, nimmt er oder sie die Identität eines Clowns an, dessen Bestimmungszweck allein darin liegt, „alles weniger gut" zu machen. Eine Humordrama-Teilnehmerin schreibt:

Die Clownsnase ist eine Maske, und meine Maske ist die Clownsnase. Wie auch immer ich die Wörter vertausche, Hauptsache ist, dass sie mein Gesicht larvieren. „Das Gesicht verlieren" – diese Vorstellung verliert ihren Schrecken, wenn ich die Clownsnase aufsetze. In diesem Augenblick verliere ich das Gesicht, dessen ich mich schäme. Das ist nicht entwürdigend, sondern befreiend. Denn die Würde, „das Gesicht", habe ich in meiner Kindheit verloren.

Mit dieser Scham laufe ich durch den Alltag. Und mein Alltagsgesicht zeigt – paradoxerweise – jedem an, dass ich mein Gesicht verloren habe: damals, als ich Kind war. Doch die Clownsnase auf meiner Nase befreit mich von dieser Scham. Sie befreit mich von meinem „verlorenen Gesicht". Sie, die rote, kugelige, künstliche Nase vermittelt mir die Empfindung, mich verbergen zu können. Sie lässt mich spüren, dass sich mein altes verhasstes Gesicht auflöst.

Es sind aber nicht meine realen Augen oder meine realen Lippen, die mich stören, weil ich mich ihrer schäme: Es ist meine Identität, die sich in diesem Gesicht offenbart. Ihrer schäme ich mich. Die aufgesetzte, darüber gestülpte Clowns-nase schafft die Illusion in mir, ein anderer, neuer, befreiter Mensch zu sein. Toll, wie ich mich bzw. mein aufgezwungenes Image (gefallenes: besser zu Fall gebrachtes, missbrauchtes Mädchen) befreien kann, wenn diese 20 Quadratzentimeter roter Gummi meine Nase bedecken! Ich kann es auch an-ders herum betrachten: Mit meiner „Persona", mit der ich mich seit meiner Kindheit identifiziere, ver-suche ich (weshalb eigentlich?) etwas krampfhaft aufrechtzuerhalten, versuche ich meine Scham zu überspielen. Doch erst die Clownsnase öffnet mir den Zugang zu einer neuen Rolle. Sie befreit mich von einem vorgefassten, aufgezwungenen Image. Der Clown nimmt mir meine alte, verhasste Per-sona ab. Oh, wie leicht, wie lebensfroh lebt sich's als Clown! Und wie lebensfeindlich, wie trist lebt sich's mit dem Kainsmal der Scham im Gesicht.

Foto: David Gilmore

Der therapeutische Clown steht dem jeweili-gen Protagonisten dabei hilfreich zur Seite. Er sorgt vor allem dafür, dass das selbstkontrol-lierende Denken ausgeklammert bleibt. Dies erreicht der therapeutische Clown dadurch, dass er den Protagonisten mit den verschie-densten Mitteln ablenkt: So kann er ihn unter den Arm greifen und mit ihm kreuz und quer durch den Raum laufen, mit ihm hüpfen oder mit ihm tanzen. Er kann den Protagonisten auch veranlassen, „chinesisch" oder „kisua-heli" zu sprechen: All dies wirkt ablenkend und belustigend zugleich.

Immer wieder macht der therapeutische Clown dem Protagonisten dabei vor, wie sich ein Minimalclown (vgl. Fried & Keller, 1991) zu verhalten hat: Er verlangsamt zum Beispiel die Gestik so stark, dass die Bewegungen des Kopfes und der Extremitäten wie im Zeitlu-pentempo erfolgen. Er macht kleine, unbehol-fene Schritte (was anfangs auch dadurch ge-fördert werden kann, dass die Füße durch eine Schnur aneinander gebunden werden).

Dem Beispiel des Hampelmanns Pinoc-chio entsprechend kann der therapeutische Clown dem Protagonisten auch vormachen, mit durchgedrückten Armen und Knien hin und her zu gehen, sodass die Körperbewe-gungen ebenso komisch wirken wie die einer hölzernen Marionette oder wie die unbeholfe-nen Gehversuche eines kleinen Kindes.

Wenn der Protagonist spricht, wird der the-rapeutische Clown dafür sorgen, dass der Re-defluss verändert wird. Um das zu erreichen, hat er dem Protagonisten vielleicht zuvor ei-nen kleinen Schluck Wasser zu trinken gege-ben, der aber mit der Zunge im Oberkiefer-bereich gehalten werden muss. Oder er weist den Protagonisten an, die Zungenspitze zwi-schen die Zähne zu stecken, was unweigerlich dazu führt, dass die Aussprache im wahrsten Sinne des Wortes „verwaschen" klingt!

Eine andere Möglichkeit ist, in übertriebe-ner Weise zu nuscheln, zu näseln oder den Redefluss bewusst zu verändern, sodass die Worte gestammelt werden oder die Sprechge-schwindigkeit bewusst so verlangsamt oder beschleunigt wird, als würde eine Schallplatte mit der jeweils nicht angemessenen Laufge-schwindigkeit abgespielt werden. Auch hier wird ein Bezug zu den ersten Sprechversu-chen eines Kleinkindes hergestellt.

In der therapeutischen Arbeit mit schamge-bundenen Klienten geht es vor allem um die Auflösung einer Gehemmtheit, die lebensge-schichtlich gewachsen ist. Diese Gehemmt-heit äußert sich insbesondere in einer Neigung, normativ unangemessene Verhaltensweisen skrupulös zu reflektieren – also „zu viel zu denken"! Dadurch kann sich eben jene Spontaneität, die ein humorvolles Handeln kennzeichnet, nicht zwanglos entfalten. Sie wird durch ein selbstkontrollierendes Denken gehemmt, das häufig auch zu einer körperlichen Verkrampfung führen kann, die dann ihrerseits zum Gegenstand beschämender Selbstbeobachtung wird („Pinocchio-Komplex").

Ein wesentlicher Grund dürfte die einseitige Ausrichtung an Idealnormen sein, die im Rahmen der Sozialisation vermittelt wurden. Gehemmte Menschen wurden gewöhnlich besonders „gut" erzogen! Daher haben sie es verlernt, sich (zumindest gelegentlich) so zu verhalten wie ein ungezogenes Kind: affektiv spontan und normativ unangepasst. Aber gerade dies ist die Voraussetzung für humorvolle Wirkungen! So ist die (ganz konkrete) Wiederbelebung von Verhaltensweisen, die zum „ungezogenen Kindsein" gehören, ein zentrales Anliegen in der Arbeit mit therapeutischem Humor. Ein Beispiel dafür ist das freche Nachäffen von Rollenspielpartnern, die im Humordrama Autoritätspersonen (Eltern, Vorgesetzte, Amtspersonen usw.) darstellen. Eine 38-jährige Humordrama-Teilnehmerin beschrieb diese Methode im Hinblick auf ihre Erfahrungen mit therapeutischer Clownsarbeit:

Der Clown hat es gut. Was immer er sagt, tut, er muss nie das Lachen der anderen fürchten. Denn sein erklärtes Ziel ist, das Lachen der anderen auf sich zu lenken. Oh, wäre ich doch ein Clown! Dann könnte ich mich ganz ungehemmt geben, so oft ich wollte. Weshalb der Clown in mir die Assoziation „Affe" auslöst, weiß ich zur Stunde noch nicht. Vielleicht nur deshalb, weil der Affe beim Publikum dasselbe auslöst wie der Clown: Gelächter. – Heureka!

Aber, ach, der Clown genießt am Hofe der Könige auch nur eine Narrenfreiheit, die auf der Tatsache beruht, dass er – wie das freche Kind auch! – den „richtigen Erwachsenen" halt doch nicht ebenbürtig ist. Also ist die Entscheidung, zum affenähnlichen Clown zu werden mit dem Preis verbunden, nicht ebenbürtig sein zu wollen. Da ich aber auch als angepasste, überbemühte „Normale"

ohnehin nie ebenbürtig war, ist diese Entscheidung nur konsequent! – Der Affe, der die scheinbar Überlegenen nachäfft (und dadurch Gelächter hervorruft), wird so selbst zum Überlegenen.

Dies empfand ich kürzlich, als ich im Rollenspiel mit einer bedrohlichen Autoritätsperson konfrontiert war. In meiner Not griff ich auf das Mittel des Nachäffens zurück – und wurde so zu jenem Kind, das ich in Wirklichkeit nie sein durfte. Das mimische Nachäffen führen uns selbstbewusste Kinder und Jugendliche bei allen Gelegenheiten vor; verbales Nachäffen vernahm ich aus Schülermund, als ich Zeugin war, wie Lehrer lächerlich gemacht wurden.

Wenn es nun auch mir, als Erwachsener, gelänge, das zu tun, was selbstbewussten Kindern und Clowns gelingt, nämlich Autoritätspersonen, die mich ängstigen, nachzuäffen und auszulachen, von ihrem Podest herunterzuholen und so für mich nicht mehr bedrohlich erscheinen zu lassen: dann könnte ich vielleicht – irgendwann – doch ebenbürtig werden! Doch leider passt dieses selbstbewusste Verhalten nicht in die Rolle meines normalen Erwachsenseins. Also müsste ich mich entscheiden, von meiner Umwelt als nicht normale Erwachsene angesehen zu werden, sondern als „verrückt" und „kindisch". Doch habe ich eine andere Wahl? Kann ich meine Integrität anders bewahren, als im Nachäffen den Bumerang der Beschämung an den Beschämenden zurückzuwerfen?

Unsere bisherige Erfahrung hat gezeigt, dass die humordramatische Vorgehensweise recht schnell an die Wurzeln jener ursprünglich expansiven Affekte heranführt, die durch Schamangst abgewehrt bzw. überdeckt wurden. Das besondere „Setting" des Humordramas fördert diese Freisetzung von Impulsen „kämpferischer Selbstbehauptung". Wenn, um nur ein abschließendes Beispiel zu nennen, der Protagonist im Rahmen eines Rollenspiels mit Scham provozierenden Bezugspersonen konfrontiert wird, wird dieser vom therapeutischen Clown konsequent zu einer gegenprovokativen Haltung angeregt, und zwar so, dass die lebensgeschichtlich gewachsenen Hemmungen gar nicht zum Tragen kommen können.

Literatur

Anthony, E. J. (1981): Shame, guilt, and the feminine self in psychoanalysis. iln: Tuttman, S. u. Kaye, C. (Hg.): Object and self – A developmental approach. International Universities Press, 191-219

Bergson, H. ([1900] 1921): Das Lachen. Diederichs

Dostojewski, F (1964): Traum eines lächerlichen Menschen. In: Sämtliche Erzählungen, Piper

Frankl, V. E. (1959): Grundriß der Existenzanalyse und Logotherapie. In: V. E. Frankl, V. E. Freiherr von Gebsattel u. J. H. Schultz (Hg.), Handbuch der Neurosenlehre und Psychotherapie. Schwarzenberg, 663-736

- (1984): Der leidende Mensch. Anthropologische Grundlagen der Psychotherapie. Huber

Fried, A. M. u. Keller, J. P. H. (1991): Humor und Identität. Haag + Herchen

Henry, M. (2005): Affekt und Subjektivität. Lebensphänomenologische Beiträge zur Psychologie und zum Wesen des Menschen. Alber

Janes, L. M. u. Olson, J. M. (2000): Jeer pressure: The behavioral effects of observing ridicule in others. In: Personality and Social Psychology Bulletin 26, 474-485

Jung, C. G., Kerényi. K. u. Radin, P. (1994): Der Göttliche Schelm. Rhein

Kaufman, G. (1985): Shame: The power of caring. Shenkman Books

Kühn, R. (1994): Existenz und Selbstaffektion in Therapie und Phänomenologie. Passagen

 - *u. Titze, M.:* Scham als reiner Affekt im Licht psychologisch- und radikal-phänomenologischer Reduktion. In: Kühn, R., Raub, M. u. Titze, M.: Scham – ein menschliches Gefühl, Westdeutscher Verlag, 189-201

Lewis, M. (1993): Scham – Annäherung an ein Tabu. Kabel

Sellschopp-Rüppell, A. u. von Rad, M. (1977): Pinocchio – a psychosomatic syndrome. In: Psychotherapy and Psychosomatics 28, 357-360

Titze, M. (1979): Lebensziel und Lebensstil. Grundzüge der Teleoanalyse nach Alfred Adler. Pfeiffer

- *(1997):* Dem Dressurgewissen ins Gesicht lachen. In: Intra, 8 [31], 18-23

- *(2003):* Epoché und Reduktion in der Psychotherapie. In: R. Kühn u. M. Staudigl (Hg.), Epoché und Reduktion. Formen und Praxis der Reduktion in der Phänomenologie. Königshausen & Neumann, S. 229-240

- *([1995] 2007a):* Die heilende Kraft des Lachens. Frühe Beschämungen mit Therapeutischem Humor heilen. Kösel

- *(2007b):* Treating gelotophobia with humordrama. In: Humor & Health Journal 16/4, 1-11

- *(2009):* Gelotophobia: The fear of being laughed at, in: Humor. International Journal of Humor Research, 22/1-2, 27-48

- *(2011):* Die disziplinarische Funktion der Schadenfreude – *oder:* Die Ambivalenz des Lachens. In: Wahl, P., Sasse, H. u. Lehmkuhl, U. (Hg.): Freude – Jenseits von Ach und Weh? Vandenhoeck & Ruprecht, 11-39

Tomkins, S. S. (1962): Affect imagery consciousness. Vol I: The Positive Affects, Tavistock

Wurmser, L. (1993): Die Maske der Scham. Springer

Michael Titze, Dr., Dipl.-Psych.
geb. 1947, Psychologischer Therapeut und Psychoanalytiker in eigener Praxis, zahlreiche Kongresse und Veröffentlichungen im Bereich Therapeutischer Humor, 1. Vorsitzender von HumorCare Deutschland.
Internet: www.michael-titze.de

> *Wenn ich scherzen will, sage ich die Wahrheit.*
> *Das ist immer noch der größte Spaß auf Erden.*
>
> *(George Bernard Shaw)*

Narren, Weise und andere „Freaks" (3)

Ein Narr auf einer alten Haustür einer Kneipe in Brüggen (wikimedia.org / bdk)

Das Mittelalter kannte neben den „natürlichen Narren" auch „künstliche Narren", die andere Menschen absichtlich durch Possen, Scherze, Streiche, Parodien, durch List, Witz und Spott, durch Tollpatschigkeit, Grob- und Derbheit oder sonstigen Unsinn zum Lachen bringen. Bis heute kennen wir sie als Hofnarren, Spaßmacher, Possenreißer, Schelme, Gaukler, als Komödianten und Komiker, als Clowns und als Kabarettisten. Hofnarren waren als Entertainer, Spaßmacher und Zeitvertreiber an den Höfen der Fürsten und Könige für deren Erheiterung und gute Laune zuständig.

Narren (ahd. narro: Nasenrümpfer, Spötter) genossen Narrenfreiheit und konnten so Dinge auf den Punkt bringen und kritisieren. Die Institution des Hofnarren diente nicht nur der Unterhaltung an den Höfen, sie sollte den Herren auch an seine Aufgaben und an seine Vergänglichkeit erinnern, hatte also psychologische, philosophische oder religiöse Funktion.

Auch und gerade in Zeiten, in denen es nichts zu lachen gibt, nicht gelacht werden kann oder darf, in düsteren, sorgenvollen, schweren und bedrohlichen Zeiten, finden sich diese Narren und Gaukler (ahd. gougolôn, sinnlose oder spielerische

„Nun sind unser zwey" (ca. 14. Jahrhundert). Das Narrenrelief am Rathaus in Nördlingen erinnert an das dortige „Narrenhäuslein", in das Menschen bei leichteren Vergehen eingesperrt und zur Schau gestellt wurden (wikimedia.org / Metzner)

Bewegungen machen, frz. jongler). Sie helfen, diese schwere Zeiten durchzustehen, aus der Komik, mit Humor und im Lachen Mut zu gewinnen, Distanz zum Schicksal und zum Leben zu finden. Sie können Sinn, auch Ordnung wieder herstellen und helfen Konflikte abzuwehren, zu vergessen oder „wegzulachen".

Schelme wie etwa Till Eulenspiegel, Mullah Nasrudin oder die schlitzohrigen, närrisch-weisen Schildbürger aus Laleburg im Land Utopia sind wenig moralisch und wenig ehrenwert, aber auch nicht an sich böse. Sie sind meist durch ihre Herkunft oder durch Schicksalsschläge in die Außenseiterrolle geraten. Da sie ihre Ziele nicht direkt erreichen können, müssen sie List und Schlauheit zur Hilfe nehmen. Sie kennen die Schwächen der Menschen, können sie für ihre Vorteile nutzen und den Menschen, oft auch den Reichen, Starken, Angesehenen einen Spiegel vorhalten. So haben sie die Lacher auf ihrer Seite, können leben und überleben.

Wer zu zweit lacht, lacht am besten!

Humor in der Partnerschaft

Roland Kachler

In der Regel schenken Paare dem gemeinsamen Lachen und Humor keine besondere Aufmerksamkeit. Kann ein Paar lachen, wird es das Lachen als etwas Selbstverständliches nehmen; ist einem Paar das Lachen vergangen, wird es nicht an das Lachen denken. Deshalb tun Paare gut daran, sich rechtzeitig über ihren Humor und ihr Lachen Gedanken zu machen. Die Partner könnten sich zum Beispiel fragen, wie und worüber der eine oder der andere Partner lacht und wer wen immer wieder zum Lachen bringt.

So könnte ein Paar bewusster und achtsamer mit seinem Humor und Lachen umgehen, die beide allerdings spontane Phänomene sind. Dennoch gilt gerade für Paare: Lachen ist die beste Medizin!

Lachen entspannt und verbindet

Ein Paar befindet sich in einer angespannten Situation: Das Paar versucht zusammen ein Möbelstück im Auto zu verstauen. Dies gelingt nicht, weil sich die Partner gegenseitig behindern. Beide sind schon ein wenig ärgerlich. Plötzlich fängt die Frau an zu lachen und prustet heraus: „Dick und Doof beim Autopacken". Der Mann schwankt zwischen Ärger und Lachen, aber dann grinst er und stimmt in ihr Lachen ein. Die Ärgerlichkeit zwischen den Partnern ist wie weggeblasen.

Im Lachen entlädt sich die Spannung, die sich beim Erzählen eines Witzes oder beim Erleben einer komischen Situation aufgebaut

Foto: Fotowerk (www.fotolia.de)

hat. Schon Freud hat das Lachen als die Abfuhr von seelischer Erregung beschrieben. Lacht ein Paar wie im obigen Beispiel, löst sich die aufgebaute Spannung zwischen und in den Partnern.

Da Paare in den vielfältigen Anforderungen des Alltags immer wieder Missverständnisse und Ärgernisse erleben, ist es so wichtig, diese nicht allzu sehr anwachsen zu lassen. Das Lachen in einer komischen Situation, aber auch das gemeinsame Lachen über etwas Drittes wie einen Film oder einen Witz kann die Spannung zwischen den Partnern abbauen. In einer von Spannungen bereinigten Atmosphäre oder in einer gelösten Stimmung ist wieder neue Nähe zwischen den Partnern möglich.

Im gemeinsamen Lachen schwingen sich beide Partner auf eine gleiche Wellenlänge ein. Das zeigt sich auch darin, dass das gemeinsame Lachen eines Paares rhythmisch synchron oder in sich ineinanderfügende Rhythmen verläuft. Im Lachen erlebt das Paar auf eine wohltuende Weise Zusammengehörigkeit, wie sie über Worte nur schwer herzustellen ist. Das gemeinsame Lachen synchronisiert ein Paar und schafft damit die Erneuerung des Zusammengehörigkeitsgefühles, das nun wie das Lachen selbst als etwas Entspannendes, Positives und Lustvolles erlebt wird.

**Lachen als Aphrodisiakum –
Lachen macht Lust**
Im obszönen Witz wird auf der erzählerischen und symbolischen Ebene Sexualität ausagiert. Was an Sexualität im eigenen Alltagsleben nicht erlaubt ist, kann im obszönen Witz verbal und in der Fantasie stattfinden. Das macht obszöne Witze so reiz- und lustvoll.

Für die Liebe sind sexuelle Andeutungen und Zweideutigkeiten sowie Witzeleien besonders am Beginn einer Beziehung sehr wichtig. Sie erlauben es den Partnern, sich spielerisch sexuell zu nähern; gleichzeitig laden sie den anderen indirekt ein, weitere Schritte in der sexuellen Eroberung zu tun. In solchen spaßigen Bemerkungen wird vorweggenommen, was sich beide auf der realen sexuellen Ebene wünschen.

Doch nicht nur das Lachen über obszöne Witze, sondern fast jedes Lachen hat einen erotisierenden Aspekt. Das Lachen stimuliert mit seinen rhythmischen Zwerchfellbewegungen den tiefen Bauch- und Beckenraum. Heftiges Lachen gleicht in seiner Rhythmik und in den körperlichen Vorgängen ebenso dem Orgasmus, wie in dessen lösender und befriedigender Wirkung. Wie der Orgasmus ist das Lachen ein spontanes, unwillkürliches Erleben, bei dem wir einen erlaubten und lustvollen Kontrollverlust erleben, indem wir uns ganz öffnen und uns unverstellt zeigen. Wir können das Lachen auch als sozialen Orgasmus bezeichnen.

Wenn ein Paar miteinander lacht, entsteht zunächst ganz unbewusst eine Stimulierung, die die sexuelle Anziehung anregt. Lachen ist also tatsächlich ein Aphrodisiakum für Paare – ein angenehmes dazu, das keine schädlichen Nebenwirkungen aufweist.

**Über sich selbst lachen –
beste Medizin für die Partnerschaft**
Die Selbstironie und die Fähigkeit, über sich selbst zu lachen, sind für eine Partnerschaft besonders wichtig, denn sie können nicht nur Konflikte und Blockaden immer wieder rechtzeitig lösen, sondern einer Partnerschaft Leichtigkeit und Spontaneität geben. Partnerschaftliche Gefühle sowohl der Zuneigung und Liebe als auch der Enttäuschung, des Ärgers oder der Eifersucht erlauben zunächst keine Distanzierung von sich und der Paarbeziehung. Häufig scheint es um das Ganze zu gehen, um die eigene Person, um eigene Bedürfnisse und Kränkungen. Hier verstehen Partner keinen Spaß!

Der Partner, der über sich selbst lachen und sich auch für den anderen zum Anlass des Lachens machen kann, braucht die Fähigkeit der Selbstdistanzierung. Er sieht seinen eigenen Anteil an einer schwierigen Paarkommunikation und kann diesen selbstironisch zum Beispiel in Form einer grotesken Übertreibung benennen. So wie der Mann, der seine Frau wieder kritisiert, dann innehält, grinst und sagt: „Na gut, jetzt bin ich wohl wieder der Oberstaatsanwalt."

Die Selbstironie nimmt Aggression aus der Kommunikation heraus und löst sie ins Lachen hinein auf. Zugleich macht der selbstironische Partner sich für einen Augenblick selbst angreifbar und zeigt seine eigene Verletzlichkeit, die eine gelassene Souveränität und Autonomie aufweist.

Wie aus Paartragödien heitere Komödien werden

Eine große Kunst in der Partnerschaft besteht darin, zusammen über sich als Paar zu lachen. Auch dies setzt einen gemeinsamen und doch distanzierten Blick auf die Partnerschaft und ihre besonderen, bisweilen komischen Eigenheiten voraus. Der folgende Paarwitz macht ein destruktives Konfliktmuster eines Paares intuitiv klar:

Nach einem Streit spricht das Ehepaar schon drei Tage nicht mehr miteinander. Am vierten Tag findet sie einen Zettel, auf dem steht: „Morgen um sieben Uhr wecken!" Am nächsten Tag wird er um halb zehn wach und sieht einen Zettel auf seinem Nachttisch: „Sieben Uhr! Aufstehen!"

Dieser Witz bringt ein häufiges Streitmuster von Paaren auf den Punkt. Hier ist die schon länger währende Sprachlosigkeit Ausgangspunkt der Entwicklung. Das Paar findet keinen Ausweg aus der Kommunikationsblockade. Sie wird mit anderen Mitteln, nämlich mit Zetteln fortgesetzt. Dabei wird deutlich, dass dahinter vermutlich ein massiver Machtkampf der Partner steckt.

Den Wunsch des Mannes, dass seine Frau ihn am anderen Morgen wecken solle, drückt er wortlos als Befehl aus. Das wiederum verstärkt bei ihr den schon vorhandenen Widerstand. Zugleich nimmt sie ihren Mann ganz ernst: Wie er antwortet sie auf der gleichen Kommunikationsebene der Zettelsprache. Das ist die erste, versteckte Pointe des Witzes und sichert ihr beim Hörer des Witzes unbemerkt seine Zustimmung. Der Witz findet dann seine humorvolle Lösung in ihrem Triumph und in seinem Nachsehen. Aus der Distanz des Witzehörers fällt es leicht, über die Absurditäten dieser Paarkommunikation zu lachen. Allerdings mag uns bei dem Blick auf eigene ähnliche Kommunikationskatastrophen zunächst das Lachen im Hals stecken bleiben, bis wir unseren Humor wiederfinden.

Einfach lächerlich – Partnerschaftskatastrophen filmreif inszeniert!

Viele Paarspiele – die weniger und die schwer destruktiven – zeichnen sich dadurch aus, dass jeder der beiden Partner zugleich Opfer und Täter, Schuldiger und Unschuldiger ist. Jeder hat freilich die Meinung, dass er allein auf der „richtigen" Seite steht. Genau das ist der Stoff, aus dem einerseits Tragödien, andererseits Komödien gemacht sind. Der Humor kann Paaren helfen, die komischen Seiten dieser Paarspiele zu entdecken:

Ein junges Ehepaar, das sich sehr oft streitet, geht in ein Restaurant. Plötzlich lässt der Kellner das Tablett mit dem Geschirr fallen und die Scherben klirren. „Hör mal", meint der Gatte, „sie spielen unser Lied!"

Nehmen wir einmal an, dass beide über seinen Witz lachen können, dann ist das ein gelungenes Beispiel, wie ein Paar sich selbst in seinem destruktiven Muster humorvoll betrachten kann. Der Mann nimmt ein externes Ereignis – hier das Klirren der Scherben – als Bild und Spiegel für das häufige Streiten des Paares auf. Er verwendet das Bild nicht gegen seine Frau, sondern als Spiegel für beide. Er setzt sich damit in das gemeinsame Boot der Partnerschaft, das im Witz kritisch beleuchtet wird. Das Paar hat nun die Chance, aus dem Abstand, der durch den Witz hergestellt wird, auf die eigene Paarbeziehung und die destruktiven Muster zu schauen.

Paare können mit einer gewissen Übung einen liebevoll ironischen Blick auf die gemeinsamen Schwächen der Paarbeziehung und auf die bekannten Muster und Spiele entwickeln. Es macht geradezu Spaß, immer häufiger und frühzeitiger die eigenen Konflikte humorvoll zu kommentieren. Entscheidend ist dabei, dass der Kommentator nie den anderen als Verursacher oder Schuldigen bezeichnet, sondern mit der witzigen Kommentierung immer das Muster des Paares und damit auch seinen eigenen Anteil „auf den Arm nimmt".

Gelingt dies beiden Partnern, kann eine gelassene, bisweilen witzige Kultur wachsen, die der Beziehung eine wohlwollende Atmosphäre verschafft.

Foto: gareth1953 At Home Recovering (www.flickr.com)

**Humor ist, wenn beide trotzdem lachen –
Wie die Liebe im Lachen weise wird!**

Auf einer gezeichneten Karikatur sieht man eine Leopardin – erkennbar an ihrem Fell – in der Küche. Der Leopardenmann hängt faul auf dem Küchenstuhl herum. Der Mülleimer quillt über. Die Leopardenfrau steht an der Spüle, dreht sich zu ihrem Mann und sagt: „Ich will ja nicht, dass du dein Fell veränderst, sondern nur den Müll runterbringst."

Paare sind immer wieder versucht, den Kampf gegen das Unveränderliche beim Partner und damit gegen den Partner aufzunehmen. Anstelle eines solchen Kampfes könnte das Lächeln stehen.

Dieses Lächeln sieht das Unveränderliche am anderen und an der Paarbeziehung und nimmt es akzeptierend wahr. Der Humor, der trotzdem lacht, nimmt die Enttäuschung auf und lässt sich das Lachen nicht vergällen, sondern öffnet im Lachen für beide Partner den Raum, mit dem Unveränderlichen gelassen umzugehen.

Dieser feine, individuierte Humor weiß, dass die unveränderbaren Seiten des Partners Ausdruck seiner Individualität und Autonomie sind. Individuierte Paare akzeptieren auch, dass es in jeder Beziehung Ungelöstes und Unlösbares gibt. Beides gehört zu einer Paarbeziehung, ist Teil der gemeinsamen Geschichte und zeichnet dieses Paar als besonderes Paar aus. Wenn Partner dies so betrachten können, dann können sie es auch im Lichte eines milden Humors als die Ironie des eigenen Paarschicksals nehmen, manchmal sogar liebevoll belächeln. Dieser Humor hilft Paaren, das Unveränderbare der eigenen Partnerschaft als Herausforderung zu nehmen, die beide Partner in ihrer Entwicklung weiterbringen kann.

Und – auch hier wieder die leise Ironie der Liebe – diese Herausforderung haben sich die Partner im Verlieben auch noch selbst gewählt und letztlich so gewollt. Könnten die Partner hier nicht schmunzelnd sagen „Selbst schuld!" und die Herausforderung als eigene Wahl annehmen?

Schließlich gibt es noch eine ironische Grundthematik in jeder Partnerschaft, die sich als Paradoxie zeigt. Die Paarbeziehung scheint die Lösung der Probleme zu sein, die der Einzelne hat. Aber genau das, was wir als Lösung – die Paarbeziehung – betrachten, schafft ganz neue, unerwartete Probleme und Herausforderungen. Oder in einem anderen Bonmot ausgedrückt: Die Partnerschaft ist der vergebliche Versuch, zu zweit Probleme zu lösen, die man alleine gar nicht gehabt hätte.

Paare können über diese schwierigen und paradoxen Seiten der Liebe verzweifeln und dann destruktiv ironisch, sarkastisch oder zynisch werden. Sie könnten darüber aber auch schmunzeln, manchmal einfach nur herzhaft lachen. Dann könnte die Liebe über den Humor abgründig tief, heiter leicht und schließlich ein bisschen weise werden.

Dieser Humor hat sich ausgesöhnt mit den Widersprüchlichkeiten, den Defiziten und den Abgründen einer Partnerschaft. Er akzeptiert die Begrenztheiten einer Paarbeziehung und kann darüber liebevoll, milde lächeln. Er geht in einen gelassenen Abstand zur Beziehung und zum Partner und verliert dennoch nicht die liebevolle Nähe zum anderen.

Dieser Humor ist vor allem Paaren geschenkt, die viele Höhen und Tiefen auf ihrem gemeinsamen Weg bewältigt haben und die im Rückblick darauf über manche Aufgeregtheit, manchen Kampf, manche Enttäuschung mit erfahrenem Wissen lächeln können. Die Partner wissen, dass im Verlieren ein Gewinn, in der Niederlage ein kleiner Sieg, im Streit die Zuneigung – und jeweils umgekehrt – liegen kann.

Der weise Humor in einer Partnerschaft hat gelernt, dass alles relativ ist und alles anders sein könnte. Darüber kann man sich mit dem Partner bis aufs Blut bekämpfen oder man kann es auch sein lassen, darüber kann man weinen und wütend sein oder eben weise schmunzeln!

Das Letztere ist wesentlich gewinnbringender und vor allem dient es mehr als alles andere der Liebe. Allerdings: Dieser Paar-Humor, der trotzdem lacht, muss in einer Partnerschaft immer wieder eingeübt werden. Aber es ist zu schaffen. Das wäre doch gelacht!

Literatur

Kachler, R. (2001): Warum Lachen die beste Therapie für Paare ist. Stuttgart: Kreuz Verlag (z. Zt. vergriffen, antiquarisch erhältlich und bei www.opus-magnum.de downzuloaden)

Kachler, R. u. Majer-Kachler, C. (2011): Die Liebe feiern. Ein Jubiläumsbuch für Paare. Ostfildern: Matthias Grünewald Verlag

Roland Kachler, Dipl.-Psych.
Psychologischer Psychotherapeut, Klinischer Transaktionsanalytiker (DGTA), Systemischer Paartherapeut, Supervisor, Klinische Hypnose (MEG), Traumatherapie (PITT); seit über 20 Jahren Leiter einer Psychologischen Beratungsstelle, eigene psychotherapeutische Praxis. Veröffentlichungen: Meine Trauer wird dich finden. Ein neuer Ansatz in der Trauerarbeit, 2005 (2012: 12. Aufl.); Hypnosystemische Trauerbegleitung. Ein Leitfaden für die Praxis, 2012 (2. Aufl.); weitere Bücher zur Trauer und zur Partnerschaft, Kinderbücher u. a.
www.Kachler-Roland.de

Gibt es schließlich eine bessere Form,
mit dem Leben fertig zu werden,
als mit Liebe und Humor?

(Charles Dickens)

Narren, Weise und andere „Freaks" (4)

Till Eulenspiegel. Foto: M. Kuhn

Komische, oft derbe Gestalten wie z. B. der Till Eulenspiegel (Ul'n spegel bedeutete im Norddeutschen u. a. „Wisch mir den Hintern") traten wie die anderen Gaukler auf Markplätzen, Kirchweihen, karnevalsartigen Festen und Jahrmärkten, im Zirkus und in Wandertheatern etc. auf.

Diese Volks-Feste und „Events" bildeten in Mittelalter und Renaissance allmählich eine heitere, lachende Gegenkultur gegenüber den ernst-gemessenen, kirchlich-klerikalen und den höfisch-staatlichen Festen und Ritualen. Alle Menschen, nicht nur die des ersten und des zweiten Standes, konnten daran Anteil haben. Hier brach sich gerade im Lachen über Narreteien, Schildbürgerstreiche und Eulenspiegeleien Kritik an den herrschenden Verhältnissen und Wahrheiten Bahn. Gaukler wie Hofnarren waren als Ständelose jenseits der Normen und Ordnungen und konnten so mit einer zeitweisen Aufhebung der Ordnung „jonglieren".

Die Figur des Till Eulenspiegel ist allerdings nur äußerlich ein Narr, tatsächlich ist er seinen Mitmenschen an Geisteskraft, Durchblick und Witz

überlegen, worauf auch die Eule, seit der Antike Vogel der Weisheit, hinweist. Eulenspiegels Streiche ergeben sich meist daraus, dass er eine bildliche Redewendung wörtlich nimmt. Er verwendet dieses Wörtlichnehmen als ein Mittel, die Unzulänglichkeiten seiner Mitmenschen bloßzustellen und die Missstände seiner Zeit aufzudecken.

In ähnlicher Funktion ist er bis heute in der Mainzer Fastnacht verankert. Der Mainzer Till trägt die typischen Narrenattribute: Schellen können sowohl aufmerksam und wach machen, als auch für ein lustiges Geklingele und für spaßiges Geschwätz stehen. Die bunte Narrenkappe mit einem oder mehreren Zipfeln kennzeichnete die ambivalente, polarisierende Haltung des Narren. Sie wurde häufig zusätzlich mit Eselsohren oder mit Schellen versehen.

Eulenspiegel hält den Mächtigen den Spiegel der Selbsterkenntnis vor. Er schaut aber selbst hinein, was einerseits so etwas wie einen klar sehenden, reflektierenden Verstand andeutet, andererseits die Erkenntnis des eigenen Nichtwissens und der eigenen Narrheit.

Friedrich Hofmann als Eulenspiegel in der Fernsehkarnevalssendung „Mainz bleibt Mainz, wie es singt und lacht", 2013. Foto: L. Müller

Humor hilft heilen: Leicht ist schwer

Ein paar Grundideen

Eckart von Hirschhausen

Foto: Gerd Zimny (www.flickr.com)

Wir kommen aus Staub – wir werden zu Staub. Daher meinen die meisten Menschen, es muss im Leben darum gehen, viel Staub aufzuwirbeln.

Es ist doch paradox: Jeder Mensch meint von sich, er habe Humor. Gleichzeitig kennen wir viele, die keinen haben. Das geht nicht auf. Wollen Sie wissen, zu welcher Gruppe Sie gehören? Ein kleiner Test: „Statistisch ist jeder dritte Deutsche hässlich. Wenn Sie jetzt einmal unauffällig rechts und links schauen, und die beiden neben Ihnen sehen ganz ok aus - ja dann - haben Sie Humor!" Wenn ich das auf der Bühne sage, kann ich ziemlich sicher sein, dass die Menschen lachen.

Aber was, wenn Sie dies lesen und gerade niemand rechts und links von Ihnen sitzt? Dann ist es der perfekte Einstieg, um über das Wichtigste bei Witzen zu sprechen: nicht die Pointe, sondern den Kontext. Was an „Witzeerzählern" nervt, ist ihre völlige Ignoranz der Situation gegenüber. Was guten Erzählern und Therapeuten gelingt: mit einer kleinen Geschichte, einem Zitat, einem Bild oder einer Metapher und vielleicht auch einem Witz beim Gegenüber ein ganzes Feuerwerk an kognitiver Umstrukturierung zu erreichen.

Mein Kontext ist die Bühne, ich mache seit 15 Jahren medizinisches Kabarett. Mein Vorbild war Bernhard Ludwig mit seinem Programm

„Anleitung zur sexuellen Unzufriedenheit". Als ich ihn sah, wusste ich, dass einer der effektivsten Wege, therapeutisches Wissen zu vermitteln, drei Elemente nutzt: Humor, Interaktion und positive Gruppenerlebnisse. Deshalb weiß ich nicht, wie viel meine Erfahrung mit Ihrer Welt zu tun hat, aber ich teile gerne meine Erfahrungen mit. Wenn für jeden Leser auch nur eine gute Idee oder ein guter Spruch dabei ist, dann hat sich das ja schon gelohnt.

Der Vater meiner ersten Schulliebe war mein Urbild eines Therapeuten. Er war alt und weise, hatte wache, strahlende Augen in seinem faltigen Gesicht, und verströmte dieses Gefühl von „Ich hab schon viel gesehen, ich liebe Menschen, wie sie sind." Und vor allem: Er hatte Humor.

Ganz anders meine ersten praktischen Erfahrungen: In meiner Assistenzzeit in der Kinder- und Jugendpsychiatrie litt ich unter einem extrem verschrobenen und humorfreien Analytiker-Chef, der ernsthaft an die freien Assoziationen zu Tintenklecksen glaubte. Der Rohrschachtest half mir nur leider überhaupt nicht weiter, wenn ich als 25-jähriger, kinderloser Berufsanfänger verzweifelte 50-jährige Eltern vor mir hatte, die von mir Rat wollten, wie sie mit ihrem schwierigen Jugendlichen umgehen sollten. Da hätten sie mal besser die Stationsschwester gefragt. Damals hatte ich schon das Gefühl, der Therapeut sollte dem Klienten an Lebenserfahrung etwas voraus sein - mindestens eine Woche. Meine erste therapeutische Erfahrung war komisch - nur eben unfreiwillig. Ich wurde lieber freiwilliger Komiker.

20 Jahre später habe ich das Gefühl, dass sich die Kreise wieder schließen, sich gegenseitig befruchten und neue Blüten treiben. Als ich vor ein paar Jahren vermehrt zu Kongressen der Ärzte, Hypnotherapeuten und bei den Lindauer Psychotherapietagen als Referent eingeladen wurde, erfuhr ich von mehreren Therapeuten, dass sie meine CDs und DVDs in ihre Behandlungen einbauen, sie den Klienten mitgeben und dann darüber sprechen. „Das spart einem glatt ein paar Stunden Erklärungen!" Insbesondere die Geschichte vom Pinguin hat viele Menschen inspiriert.

Die Pinguin-Geschichte

Quelle: www.hirschhausen.com

Diese Geschichte ist mir tatsächlich passiert. Ich ging in einen norwegischen Zoo. Und dort sah ich einen Pinguin auf seinem Felsen stehen. Ich hatte Mitleid: „Musst du auch Smoking tragen? Wo ist eigentlich deine Taille? Und vor allem: hat Gott bei dir die Knie vergessen?" Mein Urteil stand fest: Fehlkonstruktion. [...]

Dann sah ich noch einmal durch eine Glasscheibe in das Schwimmbecken der Pinguine. Und da sprang „mein" Pinguin ins Wasser, schwamm dicht vor mein Gesicht. Wer je Pinguine unter Wasser gesehen hat, dem fällt nix mehr ein. Er war in seinem Element! Ein Pinguin ist zehnmal windschnittiger als ein Porsche! Mit einem Liter Sprit käme der umgerechnet über 2500 km weit! Sie sind hervorragende Schwimmer, Jäger, Wasser-Tänzer! Und ich dachte: „Fehlkonstruktion!" [...]

Wir alle haben unsere Stärken, haben unsere Schwächen. Viele strengen sich ewig an, Macken auszubügeln. Verbessert man seine Schwächen, wird man maximal mittelmäßig. Stärkt man seine Stärken, wird man einzigartig.

Und wer nicht so ist wie die anderen, sei getrost: Andere gibt es schon genug! Immer wieder werde ich gefragt, warum ich das Krankenhaus gegen die Bühne getauscht habe. Meine Stärke und meine Macke ist die Kreativität. Das heißt, nicht alles nach Plan zu machen, zu improvisieren, Dinge immer wieder unerwartet neu zusammen zu fügen. Das ist im Krankenhaus ungünstig. Und ich liebe es, frei zu formulieren, zu dichten, mit Sprache zu spielen. Das ist bei Arztbriefen und Rezepten auch ungünstig. Auf der Bühne nutze ich viel mehr von dem was ich bin, weiß, kann und zu geben habe. Ich habe mehr Spaß, und andere haben mit mir mehr Spaß. Live bin ich in meinem Element, in Flow!

> *Menschen ändern sich nur selten komplett und grundsätzlich. Wenn du als Pinguin geboren wurdest, machen auch sieben Jahre Psychotherapie aus dir keine Giraffe. Also nicht lange hadern: Bleib als Pinguin nicht in der Steppe. Mach kleine Schritte und finde dein Wasser. Und dann: Spring! Und schwimm! Und du wirst wissen, wie es ist, in Deinem Element zu sein.*

Nach aktuellen Studien sind die Übungen der positiven Psychologie wirksamer als konventionelle Psychotherapie. Insbesondere das Identifizieren von Stärken und das gezielte Nutzen und Üben eigener Talente in neuen Kontexten verändert Menschen nachhaltig.

Eine Personalchefin fragte, ob sie die Geschichte in ihren Bewerbungsgesprächen verwenden darf. Ein befreundeter Unternehmensberater sagte mir, dass ihm die Geschichte so sehr die Augen geöffnet hat, wie unzufrieden er in seinem damaligen Job war, dass er tatsächlich ein Jahr Auszeit genommen hat. Und auch bei YouTube gab es Tausende von Klicks auf diese „Gutenacht-Geschichte". Diese Rückmeldung hat mich sehr darin bestätigt, die Querverbindungen weiter zu untersuchen und an die Kraft von guten Geschichten zu glauben. In allen Religionen der Welt kommen humorvolle Geschichten als Transportmittel für Optimismus, Verständnis und Heilung vor. Es gab immer schon Hofnarren, Trickster und Poeten. Die Medizinmänner verbanden bereits Showbusiness mit Heilungsritualen, und was ist Weihrauch anderes als die Nebelmaschine vor Erfindung des Trockeneises?

Ein großer aktueller Trend in der therapeutischen Medizin ist Meditation und Achtsamkeit. Und auch hier gibt es meines Erachtens eine große Querverbindung zum Humor. Im Lachen können Widersprüche bestehen bleiben, ohne dass sie aufgelöst zu werden brauchen. Unser Verstand will die Welt sortieren, die ist aber viel zu komplex, um sich in gut/böse, rechts/links, richtig/falsch einteilen zu lassen. Es gibt drei Zustände der Seele, wo Widersprüche existieren dürfen: der Traum, die Psychose und der Humor. An der Nicht-Begreifbarkeit des Lebens kann man verrückt werden, man kann daran verzweifeln oder man kann darüber lachen.

Lachen ist die gesündeste Art und überhaupt nicht oberflächlich. Ein großes deutsches Missverständnis. Im Lachen akzeptiert man die Doppelbödigkeit des Seins. Schopenhauer sagte, jedes Lachen ist eine kleine Erleuchtung. Eine heitere Gelassenheit ist auch die Grundhaltung des Meditierenden. Stille ist wie ein Witz (oder Witz ist wie Stille?). Wir erwarten, dass etwas Großartiges passiert, und was kommt? Nichts! Das ist im Grunde so komisch, dass ich mich immer wundere, wie ernst die Leute beim Meditieren gucken. Das ist bei den Christen nicht anders. Mehr Menschen würden vielleicht die Botschaft von Jesus verstehen, wenn diejenigen, die an den Erlöser glauben, auch ein bisschen erlöster gucken würden.

Oder kurzgefasst: Herr, vergib mir meine kleinen Scherze auf deine Kosten, und ich vergebe dir den großen auf meine. Aber bei der Erleuchtung und dem Humor ist es wie bei der Liebe oder dem Fußball: Die, die am meisten darüber reden, sind nicht die, die was davon verstanden und verinnerlicht haben. Jede Verbalisierung ist eine Banalisierung. Aber als ich einmal eine Woche lang meditiert hatte, gab es kurze Glücksmomente: Da hört das Grübeln auf, ein Lächeln steigt in einem hoch, so, wie wenn einem gerade ein guter Witz einfällt oder etwas Komisches auffällt.

Buddha lächelt. Und sollten Psychotherapeuten nicht auch sich dadurch auszeichnen, dass sie dem Leben und dem Leiden am Leben eine komische Seite abgewinnen? Dass sie lächeln, nicht überlegen, nicht allwissend, nicht undurchschaubar - einfach nur herzerwärmend? Das Ziel sollte doch sein, dass Menschen möglichst rasch ihr Leben wieder in die Hand nehmen und lernen, was ihnen gut tut - unabhängig vom Therapeuten. Insofern sind sieben Jahre Therapie nicht automatisch besser als sieben Monate. Aber wir Deutschen wollen alles richtig und alles gründlich machen, durch Investition und Transpiration zur Transzendenz. Das Sitzkissen für 150 Euro muss viel besser sein als das alte, der Guru oder Coach für 2000 Euro am Tag ist erleuchteter als der für 400. Dabei geht es doch einzig darum, in die Gegenwart zu kommen.

Eine interessante Idee, psychische Erkrankungen zu deuten, ist ihr Bezug zur Zeit: Der Depressive hängt in der Vergangenheit fest, der Angstpatient in der Zukunft, aber wer lacht, ist immer für diesen Moment in der Gegenwart. So wie der Meditierende auch. Wir haben in Deutschland Millionen Depressive, Angstpatienten, Suchterkrankte und Borderliner. Bei all diesen Diagnosen wurden schon Techniken aus der Meditation erfolgreich getestet. Vielleicht ist ja Humor genauso wirksam? Wenn sich die Räucherstäbchenschwaden verziehen, sieht man: Es braucht keine Gurus, keine Exotik, keine Religion. Die wirksamen Bestandteile sind in vielen Traditionen gleich. Wir lassen uns eben gern ein X für ein Om verkaufen ...

Warum kaufen so viele Menschen Mineralwasser ohne Kohlensäure? Wegen der STILLE! Die holen sich kistenweise „Stilles Wasser", aber im Grunde ihres Herzens wollen sie gar nicht das Wasser, sie sehnen sich nach der Stille. Wenn die wüssten, dass man Stille auch ohne Wasser bekommen kann, dann müssten sie sich nicht so abschleppen.

Wie geht witzig?

Es gibt drei Dinge, die man beachten muss, um garantiert witzig zu sein. Leider ist keines davon bekannt. Im Ernst, was ist das größte Problem aller provokativen Workshops und Humorseminare? Die Teilnehmer!

Eins meiner großen Vorbilder ist Frank Farrelly. Seinen „Stil" zu kopieren macht aber keinen Sinn, wenn man nicht seine Lebenserfahrung, seine Mimik und vor allem seine Empathie und Herzenswärme mitbringt. Ich habe ihn mal gefragt, was die beste Voraussetzung ist, ein guter provokativer Therapeut zu werden. Seine Antwort: „Be born Irish". Na super - am eigenen Geburtsort ist im Nachhinein am schwersten etwas zu drehen.

Was aber sicher hilft: früh anfangen und üben. Am besten ist es, in einem Umfeld mit vielen Geschwistern oder sozialen Kontakten als Schwächerer aufzuwachsen - denn wer körperlich überlegen ist, der entwickelt nicht zwangsläufig seine geistige Überlegenheit. Keine Ahnung, ob sich die Theorie erhärten ließe. Witzige Männer zumindest sind selten groß.

Was noch hilft: ein großes Repertoire und viel Erfahrung im Erzählen. Denn was ist Psychotherapie anderes, als die Geschichte, die sich jeder über sich erzählt, neu zu erzählen. Oder wie der begnadete amerikanische Therapeut und Storyteller Carl Hammerschlag es nennt: „Finding a new ending to an old story."

Apropos Hammerschlag: Wer nur einen Hammer als Werkzeug kennt, für den sieht jedes Problem wie ein Nagel aus. Was aber nicht heißt, dass eine Geschichte nicht auch „passend gemacht" werden kann. Das genau ist die Kunst. Und jede Kunst erlernen wir weniger durch ein Handbuch oder Regelwerk, sondern durch Imitation und Ausprobieren.

Daher ist der wichtigste Schritt, wenn Sie Humor in Ihre Behandlungen einbauen möchten, Dinge genau beobachten zu lernen. Und sie dann zu adaptieren und ein Leben lang in der Kunst besser zu werden und zu reifen. Dass viele TV-Comedians zwischen 20 und 40 sind, liegt eher an den Flachbildschirmen und dem Wahn der „werberelevanten Zielgruppe" als an der Tiefe ihres Humors.

Gute Komiker sind wie guter Wein und lassen sich lagern. Einige Loriot-Sketche sind solche Meisterwerke, dass sie sich durch die Wiederholung nicht abnutzen, sondern immer wieder neue Ebenen und Details offenbaren.

Wie viel Wiederholung verträgt ein guter Witz?

Ein Mann betritt ein Bahnabteil, in dem bereits zwei Juden sitzen. Sie rufen abwechselnd Nummern, woraufhin der andere jeweils schallend lacht. „14!" „Au ja, 14, sehr gut! 73!" „73, hervorragend ..." Nachdem er dem seltsamen Schauspiel eine Weile zugeschaut hat, traut sich der Mann zu fragen, was es damit auf sich habe. „Ganz einfach.

*Wir beide lieben Witze. Aber weil wir irgend-
wann uns alle Witze schon einmal erzählt hatten, haben wir unsere 100 besten durchnumme-
riert und jetzt reicht es, die Nummer zu sagen."
Der Mann ruft daraufhin: „25!" Von den beiden
kommt keine Reaktion. „Ist denn 25 kein guter
Witz?" „Doch, aber man muss ihn eben auch erzählen können!"*

**How to build a Brüller – Ein Rezept, wie
man Pointen professionell serviert**

Zutaten besorgen
Eine frische Pointe - wenn es gerade keine frischen im Kopf oder auf dem Markt gibt, darf
es auch eine tiefgefrorene sein, ruhig auch im
Gefrierfach in den unteren Schubladen suchen, da sind manchmal Perlen dabei, die ihr
Haltbarkeitsdatum schon so was von über-
schritten haben, dass sie keiner mehr kennt,
und dann sind die überraschend genießbar!

Vorbereiten
Pointe auftauen und dabei auf Mikrowellen-
tauglichkeit prüfen. (Eine Mikrowelle ist die
kleinste gemeinsame Welle mit dem Klienten,
auf der er mitschwingen kann.) Und immer daran denken, man lacht nur über Dinge, die man
wiedererkennt. Und versteht. Aber so noch nie
verstanden hat.

Pointe putzen
Nun sorgfältig alle Worte entfernen, die nicht
mehr ganz frisch und nicht unbedingt notwendig sind. Rigoros. Was gestrichen ist, kann
nicht durchfallen: Kill your darlings oder: weniger ist!

Würzen
Liegt das gereinigte Pointengerüst vor Ihnen,
können Sie jetzt daran gehen, es dem Anlass
und der therapeutischen Aufgabe gemäß zu
würzen und zu dekorieren.

Zubereiten
Kurz anbraten. Witze, die ganz durch sind,
sind auch ganz schnell unten durch! Auf keinen Fall zu lange im eigenen Saft schmoren.

Abschmecken
Auf den Nachgeschmack achten, der sollte
bekömmlich bleiben und sich erst im Abgang
voll entwickeln. Pointen, die sich schon auf
dem Teller und nicht erst im Kopf entfalten,
gelten als Pointa praecox und sind bei beiden
Geschlechtern zu Recht unbeliebt.

Servieren
Beim Servieren ist Stolpern nur bei „Dinner for
one" erlaubt, hat man mehr Zuschauer, sollte
der Weg zur Pointe professionell kontrolliert
beschritten werden. Das ist oft nicht der gerade Weg, sondern um die Ecke kommend, mit
einer kurzen Pause kurz vor dem Exponieren.

Serviervorschlag
Sandwichs heißen nach dem Belag, nicht
nach dem Brot. Humor in der Therapie heißt
nicht einen Witz erzählen und dann „jetzt aber
zum eigentlichen Thema" zu kommen. Genauso unbeliebt sind Menschen, die einem
ungefragt und ohne Zusammenhang ihren Humor aufdrängen.

Deshalb habe ich die „Sandwich-Technik" er-
funden: Das Brot nährt, der Belag macht es
schmackhaft. Der Belag ist die humorvolle Bemerkung, die zwischen den beiden Scheiben
liegt, nämlich zwischen der thematischen Hinführung und dem eigentlichen Thema.

Ihre erste Aufgabe ist es, etwas zu finden,
das als „Belag" zu Ihrem „Brot", Ihrer Botschaft
passt. Wer als Humor-Neuling frischen Wind in
seine Sitzungen bringen möchte, schafft dies
statt mit einer eigenen Geschichte anfangs leichter mit bereits vorgefertigtem: Bonmots, Zitaten,
Anekdoten, einem lustigen Foto, einem Cartoon.
Im Internet, in Büchern, in Nachschlagewerken
gibt es sehr viel Material (eine wahre Fundgrube
sind die Bücher von Bernhard Trenkle).

Beispiel-Sandwich

- Erste Scheibe Brot, die Hinführung zum Thema: „Heute ist mein Thema Feedback/ Rückmeldung. Wie wichtig das ist, wurde mir neulich klar, als ich las ..."

- Der Belag des Sandwichs, das humorvolle Zitat: „... Nur weil sich niemand beschweren kommt, heißt das nicht, dass alle Fallschirme gut funktionieren!"

- Die Rückführung zum Thema: „Wie bekommen wir eigentlich mit, was andere denken, fühlen, welche Fehler in der Kommunikation auftauchen?"

Alles klar? Bauen Sie aus Botschaften und Bildern leckere Sandwichs. Dann werden Ihre Zuhörer Ihre Inhalte nicht nur schlucken, sondern sich auf der Zunge zergehen lassen!

Der Komiker rät: Wann immer Sie selbst etwas lustig finden, sofort sammeln! Sprüche notieren, Cartoons ausschneiden, Fotos machen. Packen Sie sich eine Humorschatzkiste. Vor einem wichtigen Vortrag/einer Sitzung können Sie diese systematisch durchgehen und sich fragen: Was passt zu meinen Botschaften? Wo sehe ich einen Zusammenhang? Und dann machen Sie kleine Sandwichs daraus: Damit das Publikum Ihre Botschaften „schluckt", braucht es mehr als Knäckebrot! Und mit dem Humor ist es wie mit dem Salz. Fad, wenn es fehlt. Aber wenn man es schmeckt, ist es schon zu viel.

Sie haben einen unschätzbaren Vorteil gegenüber jedem Kabarettisten: Von Ihnen erwartet niemand etwas Lustiges! Umso leichter übertreffen Sie alle Erwartungen, wenn Sie einen originellen Einstieg ins Thema finden, zwischendrin ein verdauungsförderndes „Sandwich" anbieten und mit einem schönen Dreh enden. Das ist zu schaffen! Der Komiker rät: Wenn etwas unvorhergesehen lustig ist – genießen Sie es!

Drei Prinzipien der Pointe
Gute Witze sind und bleiben ein Geschenk und ein Rätsel. Dennoch gibt es eine Handvoll Grundregeln und Erfahrungen aus der Praxis,

die aber in keinem Buch stehen. In keinem? Doch, ausnahmsweise hier. Aber nicht weitersagen! Ich verrate Ihnen, was ich aus der Witztheorie und vor allen Dingen aus Tausenden von Stunden auf der Bühne vor echtem Publikum gelernt habe. Und zwar auf die harte Tour, indem ich mich immer wieder fragte, warum an dieser Stelle gelacht wurde, aber nicht da, wo ich es selber geplant hatte.

Ökonomie
Komik ist Anti-Journalismus: Das Wichtigste kommt zum Schluss! Komik hat viel mit Ökonomie zu tun. Je weniger Worte gebraucht werden, um die Situation klarzumachen, desto schwächer darf der Witz sein, der folgt. Wir alle nehmen es Witzeerzählern übel, wenn sie lang und breit die Vorgeschichte ausschmücken und nachher kommt ein müder Gag. Das gleiche gilt für jede Form der „Aufmerksamkeit auf Kredit". Je länger der Aufbau und die Hinführung zu einem Kunststück, desto stärker muss der Effekt sein, die Überraschung am Ende. Publikum und Vortragender haben eine ungeschriebene Vereinbarung: Ich, der Zuschauer, investiere Zeit und Aufmerksamkeit, du, Vortragender, belohnst mich mit etwas, das diese Investition rechtfertigt. So fühlt man sich bei schlechten Witzen auch regelrecht „betrogen" um seine kostbare Zeit. Gleichermaßen bei einem schlechten Film oder einem Krimi, wenn sich am Ende die Stunden des Zuschauens oder Lesens nicht bezahlt machen. Und erst recht in einer Therapie ...

Die Dreier-Regel
Eine Linie wird durch zwei Punkte beschrieben. Und weil wir geradlinig denken, erwarten wir, dass auch ein dritter Punkt auf der gedachten Linie liegen wird. Aber die Pointe liegt gerade nicht dort. Sondern ganz woanders.

Ein Beispiel: *Ein Mann geht frühmorgens im Nebel aufs Eis, um zu angeln. Er will sich gerade ein Loch hacken, da hört er eine tiefe Stimme von oben: „Hier gibt es keine Fische!" Er wundert sich, denkt, er habe das nur geträumt, und hackt weiter. Wieder kommt die Stimme: „Hier gibt es keine*

Dr. Eckart von Hirschhausen. Foto: Frank Eidel

Fische!" Diesmal ist er sich sicher, das war keine Einbildung! Und ganz zaghaft wendet er seinen Kopf gen Himmel und fragt: „Herr, bist du es?" „Nein", antwortet die Stimme, „ich bin der Sprecher des Eisstadions!"

Die Pointe wäre beim zweiten „Hier gibt es keine Fische" nicht so lustig wie beim dritten Mal. Sie würde beim sechsten „Hier gibt es keine Fische" nicht noch besser werden. Im Gegenteil, zum Himmel stinken. Daher: die Dreier-Regel. Sie findet sich in vielen Witzen und ist ein beliebtes Schema zum Beispiel für Klischees und Nationalitäten:

Ein Franzose, ein Italiener und ein Pole wollen die Wüste durchqueren, jeder soll etwas Nützliches dazu mitbringen. Der Franzose bringt Brot: „Wenn wir hungrig werden, können wir was essen." Der Italiener bringt Wein: „Wenn wir durstig werden, können wir was trinken." Der Pole schleppt eine Autotür an. Die beiden anderen: „Was sollen wir denn mit einer Autotür?" Darauf der Pole: „Wenn es heiß wird, können wir das Fenster runtermachen!"

Übung

Jetzt müsste nach der Dreier-Regel eigentlich noch ein dritter Witz kommen, kommt aber nicht. Jetzt sind nämlich Sie dran. Was jetzt folgt, ist eine kleine Übung: Versuchen Sie, aus dem „Polen-Witz" eine Adaption zu machen. Welche Personen könnten Sie einsetzen, um aus den abgedroschenen Nationalklischees eine aktuelle Pointe zu machen? Könnten das drei Typen von Patienten sein, denen Sie das in den Mund legen, drei Kollegen ...?

Übrigens: Bemühen Sie sich um Originalität. Andererseits sollten Sie keine zu große Angst davor haben, dass jemand eine Pointe schon einmal gehört hat. Der Einwurf „Den kenn ich" zeugt von einem sehr einfachen Humorverständnis. Es ist die Art, wie etwas erzählt wird, warum, mit welchem aktuellen Bezug, mit welchem Erkenntnisgewinn. Oder geht dieser Jemand auch in die Philharmonie und ruft, wenn Beethovens Neunte erklingt, laut hinein: „Kenn ich!"?

Zugabe: Weitere Bausteine zum Üben

Beispiel 1: *Ein Mann hat Probleme mit dem Älterwerden ... Es waren einmal zwei Eheleute, die mit 25 geheiratet hatten und jetzt nach 25 Ehejahren silberne Hochzeit feierten. Da erschien plötzlich eine Fee und verkündete, dass beide je einen Wunsch frei hätten. Die Frau wünschte sich nichts mehr, als einmal eine Reise rund um die ganze Welt machen zu können. Die Fee schwang ihren Zauberstab und ZACK ... die Reisetickets. Danach war der Gatte an der Reihe. Er dachte einen Moment nach und fragte: „Kann ich mir alles wünschen?" Die Fee bestätigte: „Alles." „Ok" sagt er, „ich hätte gerne eine 30 Jahre jüngere Frau." Die Fee machte einen Kreis mit ihrem Zauberstab und ZACK - war er 90!*

Beispiel 2: *Jemand hat Probleme mit seinem Äußeren ... Eine Frau dachte, ihr Unglück hinge an ihrer Nase und lässt sich die begradigen. Während der Narkose ein Zwischenfall. Selten, aber Shit happens. Sie ist klinisch tot, tritt vor Gott und meckert: „Warum muss ich sterben, ich bin erst 20!" Gott sagt: „Ich dachte, dir geht es nur* *um äußerliche Schönheit. Und weil die sowieso nicht von Dauer sein kann, dachte ich, ich erspar es dir, älter zu werden!" „Nein, so war das nicht gemeint. Bitte lass mich noch ein bisschen leben!" „Tot ist man noch lang genug. Du bekommst noch mal 50 Jahre!" Die Ärzte haben die ganze Zeit reanimiert. Die Frau kommt wieder zu sich. Lebt. Denkt: Super, jetzt lohnt es sich ja erst recht, mich operieren zu lassen. Verschuldet sich, lässt das ganze Paket machen, Gesicht, Ohren, Bauch, Beine, Po. Drei Wochen später kommt sie endlich aus der Klinik, geht über die Straße und wird – ZACK – vom Laster überfahren. Kaum im Himmel, meckert sie gleich wieder los: „Hey Gott, Du hast gesagt, ich leb noch 50 Jahre!" Gott schaut sie lange an und spricht: „Tut mir leid – ich hab dich nicht erkannt!"*

Beispiel 3: *Jemand zieht ständig irrationale Schlüsse aus dem Verhalten anderer… Die Indianer wollen von ihrem Medizinmann das Wetter des kommenden Winters wissen. Um seinen Posten nicht zu verlieren, lügt er ihnen vor, dass es einen harten, eisigen Winter geben wird. In Panik rennen die Indianer los und sammeln Holz. Am nächsten Tag bekommt der Medizinmann ein schlechtes Gewissen. Er ruft in der Stadt beim Wetterdienst an: „Wissen Sie, wie der nächste Winter wird?" „Ja – er wird sehr hart". „Woher wissen Sie das so sicher?" „Wir haben untrügliche Zeichen." „Welche denn?" „Bitte sagen Sie es nicht weiter – aber die Indianer sammeln Holz …"*
In diesem Sinne – frohes Sammeln!

Der größte Witz unseres Gehirns
„Man will nicht nur glücklich sein, sondern glücklicher als die anderen. Und das ist deshalb so schwer, weil wir die anderen für glücklicher halten als sie sind." Die Kernfrage seelischer Gesundheit, „Bin ich noch normal?", beantworten immer mehr Menschen für sich mit: „Nee. Aber hoffentlich merkt es keiner." So gern wir uns öffentlich für gute Autofahrer, Liebhaber und Bürger halten, so uneinig sind sich viele darüber daheim im stillen Kämmerchen und im Hinterkopf. Ganz tief in ihrer Seele sind überraschend viele Menschen davon überzeugt, dass sie nicht von sich überzeugt

sein dürfen. Weder von ihren Fahrkünsten noch ihrer Lebenstüchtigkeit noch von ihrem Glück. Sehr verbreitete Glaubenssätze lauten:

1. Ich bin nicht gut genug.
2. Wenn andere wüssten, wie ich wirklich denke und bin, wäre ich nicht liebenswert.
3. Nur ich bin innerlich so zerrissen, andere sind viel klarer und glücklicher als ich.

Wir neigen dazu, uns Dinge von innen an den Kopf zu werfen, die wir niemandem von außen durchgehen lassen würden. Aber weil diese Stimmen ja von „innen" kommen, halten wir sie voreilig für höhere Weisheit statt für das, was sie wirklich sind. Ein paar Stimmen unter vielen. Denn Achtung! – Hier kommt eine verblüffend einfache und erfrischend banale Erklärung, die Ihr angekratztes Selbstbewusstsein innerhalb von drei Sekunden stärken und heilen kann:
Wir halten uns vor allem deshalb für schlechter als die Anderen, weil wir von uns selber mehr wissen als von den Anderen!
Weil dieser Gedanke Ihre Stimmung und Glücksfähigkeit nachhaltig verändern kann, noch mal leise und langsam:
Wir sind nicht so überzeugt von uns, weil wir zu jedem positiven Gefühl und zu jeder positiven Erfahrung auch immer andere Stimmen im Hinterkopf haben. Wenn ich gerade etwas sage, kann ich gleichzeitig denken „Naja, ganz so einfach ist es nicht", „Hoffentlich merkt niemand, dass ich Zweifel habe" bis hin zu „Gestern hab ich noch was ganz anderes gesagt".
Von dem „Scheiß", der uns den ganzen Tag durch den Kopf geht, bekommen wir 100 % mit. Von jedem Hin und Her, von jeder Notlüge, von jeder Lust auf etwas Verbotenes, von jedem neidischen, gehässigen und notgeilen Gedanken sind wir selber Zeuge.
Von dem, was die anderen an „Scheiß" im Kopf haben, bekommen wir nicht alles mit. Zum Glück! Wir bekommen mit, was die Doofes tun und aussprechen, was aber nur 50 % von dem ist, was die noch so Doofes heimlich denken.

Weil wir von unseren doofen Gedanken 100% mitbekommen, von den doofen Gedanken der Anderen aber nur 50 %, denken wir: Wir sind doppelt so doof wie die! Sind wir aber nicht! Wir sind nicht besser oder schlechter als Andere. Meistens sind wir sogar noch nicht mal besonders anders als die Anderen. Es ist völlig normal, im eigenen Kopf manchmal verwirrt, uneindeutig und unleidlich zu sein, aber wir müssen das ja nicht jedem auf die Nase binden! Und zum Glück erzählen uns Andere auch nicht alles, was sie wirklich über uns denken. Und wir müssen uns vor allen Dingen nicht selber dafür fertigmachen, es geht jedem so! Die gesunde Kunst des Glücklichseins besteht darin, dass, was da so im Alltag durch den Kopf quakt, nicht allzu ernst zu nehmen. Und sich selber auch nicht. „Mach dich nicht kleiner als du bist, so groß bist du auch wieder nicht."

Die Stiftung HUMOR HILFT HEILEN

Lachen ist die beste Medizin - das weiß der Volksmund schon lange. Seit über 15 Jahren gibt es in Deutschland Clowns in Krankenhäusern, die große und kleine Patienten aufmuntern, Hoffnung wecken und Lebensmut stärken. Ich unterstütze diese Bewegung von Anfang an und seit 2008 konkret mit meiner Stiftung HUMOR HILFT HEILEN. Das Ziel: Spender und Akteure vernetzen, Ärzte, Pflegekräfte und Clowns weiterbilden und therapeutisches Lachen in Medizin, Arbeitswelt und Öffentlichkeit fördern.

Durch den großen Erfolg des Buches „Glück kommt selten allein" konnte die Stiftung weiter aufgebaut werden: Viele neue Clownsgruppen wurden gegründet und die Idee, dass Humor eine wichtige Rolle für die Atmosphäre in Krankenhäusern, Pflegeheimen und Hospizen spielt, verbreitete sich. Aktuell laufen Schulungen für Pflegekräfte und Forschungsprojekte zur Wirkung von Humor bei Depressiven, Alten und Kindern. Denn die Datenlage ist bislang eher anekdotisch als evidenzbasiert, wie z. B. diese Meldung: Eine Studie aus Israel zeigte, dass Frauen in einer Kinderwunschklinik eher schwanger wurden, wenn sie Besuch von einem Clown bekamen. Bevor voreilige Schlüsse gezogen werden: Der Clown war nicht unmittelbar an der Fortpflanzung beteiligt. Aber die humorvolle Entspannung trug offenbar dazu bei, dass die befruchteten Eier sich besser einnisten konnten. Tut beiden gut: dem Kind im Manne und der Frau! Wenn Sie Interesse an gemeinsamen Plänen und Projekten haben, besuchen Sie www.humor-hilft-heilen.de und mailen Sie mir.

PS: Die kürzeste Definition von Humor kommt aus England: Humour is tragedy plus time - Humor ist Tragik plus Zeit. Eines Tages werden wir eh darüber lachen - also wie lange willst du warten?

Moshe hadert mit Gott, der Welt und dem Schicksal. Er geht zum Beten in die Wüste und klagt Gott sein Leid: „Herr, warum bist du so grausam? Ich war dir immer ein guter Diener. Alles hast du mir genommen. Wenn es dich gibt, zeig mir, dass du ein guter Gott bist, und lass mich einmal in der Lotterie gewinnen!" Nichts passiert. Am nächsten Tag betet Moshe wieder: „Herr, gib mir eine Chance, lass mich wenigstens einmal im Lotto gewinnen." Nichts passiert. Er betet weiter, eine Woche, einen Monat, ein ganzes Jahr. Als er nach einem Jahr wieder anfängt zu klagen: „Herr, gib mir eine Chance, lass mich im Lotto gewinnen", passiert ein Wunder: Der Himmel über ihm öffnet sich, und eine tiefe Stimme spricht: „Moshe, ich hab dein Klagelied ein Jahr lang anhören müssen. Jetzt, bitte, gib du mir eine Chance - und kauf dir endlich ein Los!"

Eckart von Hirschhausen, Dr. med.
Jg. 1967, Arzt, Fernsehmoderator, Comedian und Bestsellerautor. Er verbindet in seinen Bühnenprogrammen Psychologie, Medizin und Humor. Der vorliegende Text ist ein Abdruck aus dem Buch: Wild, B.: (Hrsg.): Humor in Psychiatrie und Psychotherapie. Mit freundlicher Genehmigung des Schattauer-Verlags, Stuttgart.

Narren, Weise und andere „Freaks" (5)

Arlekin, Paul Cézanne, 1889-1890, Nat. Gall. of Art, Washington D.C.

Auf den Bühnen des Volkstheaters bzw. im Puppentheater wurde die Gestalt des Harlekins und des Kaspers entwickelt. Der Harlekin, wichtige Figur als Diener in der Commedia dell'arte, ist meist ausgelassen, lustig, geistreich, schlagfertig, äußerst beweglich und sprunghaft, gierig nach Essen, Trinken und Sexualität. Er kann dämonisch-teuflisch sein, er darf sagen, was andere nicht sagen dürfen, kann Lügner und Betrüger entlarven, ist ambivalent, nicht gut, nicht böse oder beides.

Der Kasper (auch Kasperl oder Kasperle) ist seit dem 15. Jh. als komische Figur im Volkstheater bekannt, seit dem 18. Jahrhundert der komische Held des Kaspertheaters. Dieses machte im Laufe der Jahre eine ähnliche Entwicklung durch wie das Märchen und wurde zu einer „Kindersache". Wahrscheinlich gehört der „Hanswurst" zu den Ahnen des Kaspers.

Der Hanswurst hat vor allem Blödsinn, hübsche Frauen, gutes Essen und Trinken im Sinn. Kasper hingegen ist nicht so triebgesteuert. Er ist klug, aber kein Angeber, mutig, freundlich, hilfsbereit, er ist manchmal ratlos und bittet die Kinder um Hilfe. Er trägt eine meist rote, lange Zipfelmütze, ein Kleid mit großem, buntem Muster, ähnlich dem Harlekin, und er hat eine Klatsche als symbolische Waffe. Wenn er fröhlich singt: „Tri tra Trullala, Kasperle ist wieder da!" sind die Kinder begeistert, weil er sie aus einer ängstlichen Spannung erlöst. Mit seiner Klatsche jagt er den Räuber fort und haut dem Krokodil eins aufs große Maul.

Münchener Kasperl (Buchillustration, Lothar Meggendorfer,1867)

In seinem immer lachenden Gesicht fällt die lange Hakennase auf, die wohl noch ein Rest von seinen dämonisch-diabolischen Vorläufern ist. Dem Kasper ähnliche Figuren finden sich in vielen europäischen Ländern, z. B. Mr. Punch in England, Guignol in Frankreich, Pulcinella in Italien, Fasulis in Griechenland, Petruschka in Russland.

Kinder und Humor

Wolfram Gekeler

Zum Einstieg ins Thema empfehle ich, im Internet die Stichworte „Baby" und „Papier" zu googlen. Es erscheint ein ausgesprochen gut gelaunter Säugling, der in der Sofaecke sitzt und sich riesig darüber amüsiert, dass der Vater ein Blatt Papier zu Schnipseln zerreißt. Man kann nur raten, was daran so lustig ist; das Gekicher und Gegluckse des Kindes ist jedenfalls so lustig, dass man sich als Zuschauer genauso wenig das Lachen verkneifen kann wie der Vater. Und so sieht man schon deutlich die soziale Komponente von Spaß und Humor.

Eine alte Nachbarin sagte oft: „S'isch äbbes Klois, was d'Kendr freit." Es sind kleine und nonverbale, meist körperbezogene Späße, wie etwa die Hose auf dem Kopf statt an den Beinen, oder natürlich Streiche wie das dem Opa umgekehrt hingestellte, vorher ausgelöffelte Frühstücksei, was den meisten Vorschulkindern Freude macht.

Nicht alle Kinder finden die gleichen Scherze witzig – humoristische Vorlieben hängen, wen wundert's, vom Vorbild der Eltern ab. In einer wissenschaftlichen Untersuchung wurde einer Gruppe von Kleinkindern eine Szene vorgespielt, in der jemandem mit einer Zeitung auf den Kopf geschlagen wurde, unter dem Gelächter der Eltern. Einer anderen Kindergruppe wurde präsentiert, wie sich jemand eine rote Clownsnase aufsetzt, was die andere Elterngruppe nun lauthals belachen sollte. Es ist unschwer zu erraten, was die beiden Kindergruppen fortan jeweils komisch fanden.

Manche Kinder mögen keinen Zirkus – nicht wegen der gefährlichen Tiere, sondern wegen

Pippi Langstrumpf von Astrid Lindgren hat vielen Kindern gezeigt, dass man unabhängig, fröhlich, selbstbewusst, rebellisch, stark, neugierig, frech, fantasievoll und mitfühlend sein kann. Allerdings musste Astrid Lindgren das Buch einige Male umschreiben, bis ein Verlag das Manuskript annahm, weil es wohl zu provozierend war. Später sahen manche in Pippi aber sogar eine Vorreiterin der Frauenbewegung. Die Filmserie (1969-1973) mit der bezaubernden Inger Nillson (oben) hat noch beträchtlich zur weltweiten Verbreitung dieser erstaunlichen Mädchenfigur beigetragen.

der Clowns, über deren Missgeschicke sie nicht lachen können, sondern mitfühlend weinen müssen. Es sind kindliche Erfahrungen, dass einem etwas misslingt, dass man sich ungeschickt anstellt, dass man über die eigenen Füße stolpert oder mit dem Bobby-Car aus Versehen die Kellertreppe hinunterfährt – und das alles auch noch unter den Blicken und dem Gelächter vieler junger und älterer Zuschauer. Wenn man ganz arg Pech hat, hat der große Bruder alles mit seinem Handy aufgenommen und schickt den Videoclip an die nächste TV-Pannenshow.

Der Schatten des Humors hat mit Schadenfreude beim Einen und Scham beim Anderen zu tun. Beschämend sind oft schon die Illustriertenseiten mit der Rubrik „Drolliges aus Kindermund." Eine Mutter, die ihren sechsjährigen Sohn zur Therapie brachte, rief mir schon auf der Treppe zu, welchen kindischen Blödsinn sich der Junge wieder ausgedacht habe. Sie nötigte ihn, einen Gegenstand aus der Hosentasche zu ziehen; es war ein Hühnerei, das er warmhalten wollte, bis das Hühnchen schlüpft. Eigentlich war das gar nicht so dumm, sondern ein rührender Versuch, dem Geheimnis des Lebens auf die Spur zu kommen. Es ist nur gut, dass man in diesem Vorschulalter nicht nur die Erfahrung macht, immer wieder vorgeblich dumme oder falsche oder kindische Dinge zu sagen, sondern auch lernt, welche Wirkung viele sogenannte verbotene Worte haben – allein schon dadurch, dass man sie ausspricht. Das sind Worte aus den Bereichen des Analen und der Sexualität. Es sind eindeutig die Kinder, die darüber lachen und nicht die Erwachsenen. Gern werden diese Worte in Auszählverse eingebaut:

Rennfahrer Biberle scheißt ins Kübele, scheißt drüber naus und du bist raus. Oder:
Rein raus, rein raus, fertig ist der kleine Klaus.

Kürzer kann Aufklärungsunterricht nicht sein. Geht es hier um die puren seltsamen Körpervorgänge oder um den Klang der schlimmen Worte an sich, so werden die Witze am Ende der Grundschulzeit hintergründiger. Im Mittelpunkt stehen dann mehr fantasievolle Umdeutungen und scheinbare Missverständnisse.

Zwei Tierkinder treffen sich. „Ich bin ein Wolfshund", sagt das eine, „meine Mutter ist ein Wolf und mein Vater ein Hund." – „Und ich bin ein Ameisenbär." – „Nee, du, das glaube ich jetzt nicht."

Auch der folgende Witz gibt vor, auf einem Missverständnis zu beruhen. Tatsächlich ist er dabei aber wesentlich spitzer, indem er den Erwachsenen grundsätzlich böse Absicht unterstellt.

Ein Junge kommt in den Spielzeugladen und sieht auf dem obersten Regal die Schlümpfe stehen. Die Verkäuferin kommt und fragt: „Soll ich dir einen runterholen?" – „Ja", sagt der Junge, „aber nur, wenn ich danach so einen Schlumpf kriege."

Witze bieten Kindern die Möglichkeit, über Erlebtes oder von anderen Erfahrenes auch dann zu kommunizieren, wenn es eigentlich als peinlich gilt, tabuisiert ist oder beängstigend wirkt.

Klein-Erna wird von ihrer Mutter zum Einkaufen geschickt. Als sie aus dem Laden wieder herauskommt, steht im Gebüsch ein Exhibitionist. Da ruft Klein-Erna: „Oje, ich habe ja die Shrimps vergessen!"

Witze und Kindersprüche helfen, eine als bedrohlich erlebte Realität emotional zu bewältigen und einzuordnen, z. B. die Befürchtung, von einem „schwarzen Mann" geholt, entführt und gar ermordet zu werden. Diese düstere Fantasiegestalt hat viele Kinderleben mit Angst und Schrecken erfüllt.

Warte warte, nur ein Weilchen, bald kommt der schwarze Mann zu dir. Mit dem kleinen Hackebeilchen macht er Schabefleisch aus dir."
(Abzählreim eines Mädchens aus der ersten Szene des Films „Der dritte Mann").

Es gibt aber etwas, was vielleicht noch mehr Kindern schlaflose Nächte bereitet hat: Erniedrigungen in der Schule. Bei „stayfriends.de", einem Internetportal zur Suche von Schulfreunden, können neuerdings die früher besuchten Schulen mit Sternchen bewertet werden, ergänzt durch Erinnerungen und Kommentare. Viele der geschilderten Erlebnisse reichen an die 50 Jahre zurück, werden aber immer noch als erniedrigend und beschämend empfunden. Mehrfach wird von Albträumen berichtet, die bis heute wiederkehren. Leistungs- und Selbstwertkomplex sind belastet.

Eigentlich sind es nur eine Handvoll Lehrer, die in den Erinnerungen auftauchen, aber eben in vielen Schülergenerationen immer wieder. In der Schülerzeitung wurden einige der Aussprüche gesammelt: Ein Schüler stottert beim Lesen; Lehrer: „Lassen Sie die vorsintflutlichen Geräusche; das hört sich an, wie wenn ein Ichthyosaurus ein Ei legt." Oder: „Du bist bestimmt nicht blöd. Aber wenn man wirklich

Foto: Rainer Sturm (www.pixelio.de)

mal an deinen Kopf hört, bemerkt man, dass es da ganz komisch gluckert."

Am schlimmsten waren diese Abwertungen, wenn man vorne an der Tafel stehen musste, und die Klasse nicht anders konnte, als auch noch zu lachen. Zynismus ist eben auch witzig; und Schadenfreude mag zur Erleichterung, nicht selbst vorne stehen zu müssen, hinzukommen.

Ich vermute, dass der verletzende, aggressive Zynismus der Nachkriegsjahre heute nicht mehr so verbreitet ist. Verwunderlich ist, wie viele Jugendliche sich heutzutage freiwillig noch weit schlimmeren erniedrigenden Situationen aussetzen, indem sie an Castingshows teilnehmen.

Von Dieter Bohlen, dem Chefjuror von „Deutschland sucht den Superstar", sind Hunderte von Statements im Internet zu finden, die reine Beleidigungen sind. Drei Beispiele: „Meine Schlechtigkeitsskala reicht von 0-10. Du hast 100." „Normalerweise liegen den CDs immer so Booklets bei; bei dir müsste man eine Kotztüte beilegen." „An deinem Lebensende wirst du 3.000.000 gehört haben, da kommt's doch auf unsere drei Neins nicht an." Hier wird eigentlich das gesamte Leben eines jungen Menschen verbal vernichtet.

Eine weitere Gefahr, die von diesen Shows ausgeht, ist die, dass individuelle Kreativität einem Mainstream von Pop-Kultur geopfert wird. Bei Schulfesten oder Waldheimabenden wurde früher gesungen und mit Instrumenten selbst musiziert. Heute werden CDs aufgelegt und die aus den Videoclips bekannten Tänze im Play-back-Verfahren reproduziert.

Vielleicht hilft da aber gerade Humor, Kreativität vor diesem Mainstream zu schützen. Hoffnungsvoll stimmen einen die vielen Poetry-Slam-Veranstaltungen, bei denen Jugendliche und junge Erwachsene eigene Texte vortragen, oft mit sehr viel Witz und Selbstironie. Auch das Internet kann subversiv humorvoll genutzt werden. Es gibt eine ganze Reihe von Neusynchronisationen bekannter Filme, etwa auf Schwäbisch, und es gibt sehr witzige Selbstdarstellungen wie etwa die des verrückten Autofahrers, in dem ein Jugendlicher in seinem Videoclip das Verhalten ungeduldiger Autofahrer im Stau glänzend parodiert („Insane Driver" eingeben).

So kann das Internet auch ein Ort der Autonomieentwicklung sein. Erwachsenen ist er manchmal verschlossen. Ein letzter Witz:

Warum verschwinden so viele Eltern im Internet? Weil sie die Tasten „alt" und „löschen" gleichzeitig drücken.

Vielleicht hätte ich das vor dem Abfassen dieses Beitrags auch tun sollen. Seither erscheint auf meinem Computer-Bildschirm rätselhafterweise täglich mindestens einmal die Zeile: „The female trickster and the archetype of humour."

Wolfram Gekeler
Diplom-Pädagoge, Kinder- und Jugendlichen-Psychotherapeut, Dozent und Supervisor am C. G. Jung-Institut Stuttgart, Mitherausgeber der Zeitschrift „Analytische Kinder- und Jugendlichen-Psychotherapie".

Narren, Weise und andere „Freaks" (6)

Verschiedene religiöse Traditionen haben immer wieder auch reale Persönlichkeiten oder erfundene Persönlichkeiten hervorgebracht, in denen sich Weisheit und Mitgefühl mit einem freien, sehr unkonventionellen Lebensstil verband. Dass Humor und Spiritualität zusammen gehören, ist eigentlich naheliegend, da beide versuchen, sich in guter Weise auf die komplexe und paradoxe Vieldimensionalität des Lebens zu beziehen.

Der vollendete Narr und Meister Mulla Nasruddin rückwärts auf dem Esel. Vergnügungspark Ankara. Foto: Nevit Dilmen

Der heilige Franziskus von Assisi wurde von seinen Mitmenschen gelegentlich als Verrückter angesehen, er sprach mit den Pflanzen und Tieren und nannte sich selber den Narren Gottes. Das Judentum brachte manche humorvolle und weise Rabbis, der Chassidismus manche durchaus lebensfrohe Zaddiks hervor.

In der buddhistischen Tradition gibt es Budhai, der als dickbäuchiger, lachender Mönch dargestellt wird oder den Drukpa Künleg, der als „Meister der verrückten Weisheit" verehrt wurde und ein gar liderliches Leben geführt haben soll.

Im islamischen Bereich kennt man viele heitere Sufi-Geschichten und natürlich vor allem den „vollendeten Narren und Meister" Mulla Nasruddin (Nasreddin), der gerne auf einem Esel reitend dargestellt wird. Ihm wurden über Jahrhunderte hinweg viele Geschichten mit Witz und tieferem Sinn zugeschrieben, z. B. die folgende klassische Weisheitsgeschichte:

Jemand beobachtete Nasruddin, wie dieser etwas auf dem Boden suchte. „Was hast du verloren, Nasruddin?" fragte er. „Meinen Schlüssel", sagte der Mulla. Beide lagen nun auf den Knien und suchten. Nach einer Weile fragte der andere: „Wo hast du ihn denn eigentlich verloren?" „In meinem Hause." „Aber warum suchst du ihn dann hier draußen?" „Weil es hier heller ist."

Diese Geschichte lässt sich u. a. so interpretieren, dass man sein Selbst nicht in der Projektion nach außen suchen soll, wo es nicht zu finden ist, sondern in den mehr dunkleren, unbewussten Regionen der eigenen Psyche. Etwas Ähnliches wird u. a. in der folgenden Zen-Geschichte angedeutet:

Ein Mönch kommt zu einem Meister und bittet ihn um Erleuchtung. Der schickt ihn erstmal nach nach draußen, wo es gerade stark regnet. Nachdem er einige Stunden vom Regen ganz durchnässt ist, holt ihn der Meister wieder rein und fragt ihn, wie er sich gefühlt habe. Der Mönch antwortet: „Wie ein dummer Narr!" Darauf der Meister: „Das ist doch schon mal ein guter Anfang!"

Fast noch närrischer erscheinen die Antworten, die Bodhi Dharma, der Erste Patriarch des Zen, dem Kaiser Wu-ti gibt.

Dieser fragt ihn: „Was ist der erste Sinn der heiligen Wahrheit?" Dharma antwortete: „Weit aufgeräumt. Nichts Heiliges!" Der Kaiser fragt noch: „Wer ist der, der mir gegenübersteht?" Darauf Dharma: „Ich weiß nicht."

Und wie heißt es im Taoismus? *Wenn ein Narr vom TAO hört, lacht er lauthals. Und wenn er nicht darüber lacht, war es nicht das TAO …*
Oder so ähnlich …

Lachen und Zen

Paula Weber

Lachen und Zen scheint eine Verbindung zu sein, die einem erstmal beim Anblick der schwarz gekleideten Menschen in den Meditationskursen nicht so schnell in den Sinn kommt. Und so ist es nicht verwunderlich, dass mein Mann, als er mich einmal von einem solchen Kurs abholte, meinte: „Da kann einem ja das Lachen vergehen bei all diesen ernsten und bedächtig schreitenden Menschen."

Ja, dieses Üben in der Stille bis „zum Tod auf dem Kissen", wie es oft heißt, dieser strenge Übungsweg der Versenkung, wie geht er zusammen mit den lachenden – meist kitschigen – Buddhafiguren mit ihren dicken Bäuchen, die uns aus Schaufenstern entgegenstrahlen und zum westlichen Wohnungsdesign mehrerer Generationen zu gehören scheinen?

Wenn wir die Geschichte dieser Figur zurückverfolgen, treffen wir auf einen wandernden Bettelmönch im 10. Jh. namens Qici. Er soll in der Stadt Fenghua gelebt haben und der Legende nach stets gut gelaunt mit einem gefüllten Almosensack durch die Lande gezogen sein, die er an die Kinder verteilte. Dadurch bekam er den Namen Budai von Pu-tai (Stoffsack), jap. Hotei.

„Er lachte so lange, bis die Bewohner der Dörfer mit ihm lachten", heißt es in der Überlieferung. Im alten China galt er auch als Symbol für Reichtum und Glück. Zugleich gilt er im Buddhismus als Inkarnation des „Buddhas der

Bild Nr. 2: Das Finden der Ochsenspur.
„Der eine Weg von Helle und Dunkel,
auf dem Jegliches fortgeht und kommt.
Hat sich der Hirte auf solchem Wege gefunden,
dann ist keine Not mehr."
(Abb. aus „Der Ochs und sein Hirste", Neske)

Zukunft" Maitreya (*maitrī* [sanskrit]: universale Liebe, Freundlichkeit und Güte).

Wer sich näher mit dem Zen-Weg beschäftigt, der begegnet ihm wieder in der populären Ochsengeschichte, einem Zyklus von zehn Bildern, als dessen letztes Bild Budai, im japanischen Hotei genannt, steht, der Mann auf dem Marktplatz, frei und lachend. Dieser Bildzyklus „Der Ochs und sein Hirte", (1958, Stuttgart: Neske) von dem mehrere Varianten existieren, zeigt in Bildern und Texten Erfahrungsbereiche auf dem Übungsweg des Zen, z. B.:

Bild 10: Das Hereinkommen auf den Markt mit offenen Händen.
(Abb. aus „Der Ochs und sein Hirste", Neske)

- ... Der Leib zu Tode erschöpft und verzweifelt das Herz ... (Bild 1)
- .... Still nickt sich der Hirte zu und erlaubt sich ein leises Lächeln. ... (Bild 3)
- ... Langmütiges Zähmen. ... Unter den Bäumen begegnet anderen Menschen sein mächtiges Lachen. ... (Bild 5)
- ... Auf dem Ochsen umgedreht sitzend, kehrt er frohen Herzens nach Hause. ... (Bild 6)
- ... Singend und tanzend lebt müßig der Hirte. ... Sind Ding und Ich gänzlich vergessen, herrscht Ruhe den ganzen Tag. ... (Bild 7)
- ... Heiliges, Weltliches spurlos entschwunden. Im Unbegangenen endet der Weg. ... (Bild 8)
- ... Grenzenlos fließt der Fluss, wie er fließt. Rot blüht die Blume, wie sie blüht. ... (Bild 9)

Die dargestellten Symbole weisen dann jedoch über die Verdeutlichung der Einheitserfahrung hinaus und darauf hin, dass der Weg weiter führt hinein in die Kreatürlichkeit, in die Erscheinungswelt, ins Menschsein bis zum lachenden, sich dem Leben hingebenden Menschen:

- ... Mit entblößter Brust und nackten Füßen kommt er herein auf den Markt. Das Gesicht mit Erde beschmiert, der Kopf mit Asche über und über bestreut. Seine Wangen überströmt von mächtigem Lachen. Ohne Geheimnis und Wunder zu mühen, lässt er jäh die dürren Bäume erblühen. ... (Bild 10) *(zit. nach: Der Ochs und sein Hirte, Stuttgart: Neske)*

In den ältesten Abbildungen dieser Geschichte ist dieser lachende Mönch nicht alleine, er hat ein Gegenüber. Damit ist er nicht nur auf dem Marktplatz des Lebens angekommen, gleichzeitig steht er in Beziehung, teilt sein Leben und nimmt Anteil. Erst diese Bezogenheit bringt die Einheitserfahrung zur Vollendung. Drei Aspekte des „Lachens im Zen" scheinen dabei auf:

Da ist das **Lachen der Befreiung,** das oft beschrieben wird bei plötzlichen und tiefen Erfahrungen, z. B. van Wetering, Kapleau, Lasalle etc. Meist nach langjähriger Übung wird es als Durchbruch erlebt, wie eine erste Bewusstwerdung oder Grenzüberschreitung oder – wie im Zen benannt – als Durchschreiten der torlosen Schranke. Ein Lachen, das im ersten Moment irritieren kann, ohne realen Bezug, eben ver-rückt erscheinen mag. Ein Lachen, das aber neugierig aufhorchen lässt, faszinieren und anziehen kann.

Eine der ersten überlieferten Geschichte dieser Art berichtet von drei Mönchen verschiedener Ausrichtungen – Huiynan aus einem buddhistischen Kloster des „reinen Landes", Tao Guanming ein Anhänger von Konfuzius und Lu yinging, ein Daoist – sie treffen sich im Donghinkloster. Nach einem langen Tag des Debattierens begleitet Huiyan die beiden hinaus. Dabei überschreiten sie verbotenerweise die festgelegte Grenze des Klosterbereichs, sie überschreiten die Grenze ihrer jeweiligen Konzepte und brechen in das „große Lachen" aus (die drei Lachenden am Tigerbach). Ein späterer Kommentar von Sengai dichtet darüber:

Die Wolken versprechen nichts und ziehen über die Brücke am Abhang, morgens und abends und voller Freiheit. Gelübde zählen nicht angesichts von Freundschaft, Gelübde sind leer, eine andere Form der Anhaftung.

So haben die drei Herren den Sinn gefunden, die Worte vergessen, statt dessen einmal laut gelacht im natürlichen Vergnügen.

Das Lachen, das sich daraus entwickeln kann, ist das **Lachen des tiefen Erkennens** der Welt. Der Blick des Übenden weitet sich immer mehr dahin, in allem die letzte Wirklichkeit zu erkennen. Das Loslassen von gewohnten Anhaftungen und Heraustreten aus Identifikation mit gewohnten Sicherheiten führt in eine Erfahrung des Ungetrenntseins, der Allverbundenheit. Das lässt diesen dickbäuchigen Mönch wissend, lebensbejahend und lachend durch die Welt wandern.

Diesen Mönch möchte man gerne anfragen und ihn begleiten, um auch diesen Weg gehen zu lernen. Doch erst das Mitgefühl, das unweigerlich aus der Erfahrung des Einsseins mit allem wächst, dieses Mitsein mit allen Lebewesen ist die Quelle eines **Lächelns voller Güte.** Wer solchen Menschen begegnet, spürt die Gelassenheit und Weite, wie wenn man darin baden könnte.

In der Tradition des Zen gibt es eine Geschichte: Einst, zu alter Zeit, als der Welt-Erhabene (Buddha) auf dem Geierberg weilte, hielt er eine Blume hoch, drehte sie zwischen den Fingern und zeigte sie der Versammlung. Da verharrten alle im Schweigen. Nur der ehrwürdige Kashyapa begann zu lächeln, heißt es im Text. Kashyapa erkannte, dass jeder Augenblick die Manifestation des Ganzen ist. Buddha ernannte ihn daraufhin zum Nachfolger.

Auch wenn einem am Anfang dieses bedingungslosen Übungsweg das Lachen „zu vergehen" scheint, er führt geradewegs hinein in das lebendige Lachen, in das lachende Leben.

Literatur
(1958): Der Ochs und sein Hirte. Eine altchinesische Zen-Geschichte. Stuttgart: Neske

Paula Weber, Dipl. Soz. Päd.
geb. 1951, Zen-Lehrerin der Willigis-Jäger-Schule, Lehrerin für Initiatisches Gebärdenspiel n. S. Ostertag, Einzel- und Paartherapeutin in freier Praxis in Ammerbuch-Entringen, Lehrbeauftragte am Fritz-Perls-Institut, Institut f. Gestalttherapie Würzburg und Symbolon

Siddharthas Lächeln

Er sah seines Freundes Siddhartha Gesicht nicht mehr,
er sah statt dessen andre Gesichter, viele, eine lange Reihe,
einen strömenden Fluß von Gesichtern, von Hunderten, von Tausenden,
welche alle kamen und vergingen, und doch alle zugleich dazusein schienen,
welche alle sich beständig veränderten und erneuerten,
und welche doch alle Siddhartha waren.

... er sah alle diese Gestalten und Gesichter in tausend Beziehungen
zueinander, jede der andern helfend, sie liebend, sie hassend,
sie vernichtend, sie neu gebärend, jede war ein Sterbenwollen,
ein leidenschaftlich schmerzliches Bekenntnis der Vergänglichkeit,
und keine starb doch, jede verwandelte sich nur, wurde stets neu geboren,
bekam stets ein neues Gesicht, ohne daß doch zwischen einem und dem ande-
ren Gesicht Zeit gelegen wäre – und alle diese Gestalten und Gesichter
ruhten, flossen, erzeugten sich, schwammen dahin und strömten ineinander,
und über alle war beständig etwas Dünnes, Wesenloses, dennoch Seiendes, wie
ein dünnes Glas oder Eis gezogen, wie eine durchsichtige Haut,
eine Schale oder Form oder Maske von Wasser,
und diese Maske lächelte,
und diese Maske war Siddharthas lächelndes Gesicht,
das er, Govinda, in eben diesem selben Augenblick mit den Lippen berührte.

Und, so sah Govinda, dies Lächeln der Maske,
dies Lächeln der Einheit über den strömenden Gestaltungen,
dies Lächeln der Gleichzeitigkeit über den tausend Geburten und Toden,
dies Lächeln Siddharthas war genau dasselbe, war genau das gleiche, stille,
feine, undurchdringliche, vielleicht gütige, vielleicht spöttische, weise,
tausendfältige Lächeln Gotamas, des Buddha,
wie er selbst es hundertmal mit Ehrfurcht gesehen hatte.

So, das wusste Govinda, lächelten die Vollendeten.

(Hermann Hesse, Siddhartha. Suhrkamp, S. 119 f.)

Humor ist ...

Über den jüdischen Witz

Irene Berkenbusch

„Humor ist, …

... wenn man trotzdem lacht" – wir alle kennen diese Redewendung. Sie ist nicht falsch, denn ein Mensch mit Humor beweist Souveränität und die Fähigkeit zur Distanz – von sich selbst, von Menschen und Dingen, von Geschehnissen, die sich um ihn herum abspielen. Lachen und Humor sind in der jüdischen Tradition fest verankert. Das lässt sich an zahlreichen Anekdoten und Gleichnissen, z. B. in rabbinischen Parabeln aus dem Talmud oder in den Erzählungen der Chassidim belegen.

Humor ist ein anderes Wort für Liebe, das hat einmal jemand gesagt. Zur Distanz beim Humor gehören also auch Selbstakzeptanz und Akzeptanz des anderen, dazu Gelassenheit. Nicht so beim Witz. Sicher nimmt auch derjenige, der einen Witz erzählt, eine distanzierte Haltung zum Gegenstand des Witzes ein. Um mit seinem Witz eine Situation oder einen Menschen treffsicher charakterisieren zu können, muss man eine Außenperspektive einnehmen. Gleichzeitig ist man aber zuvor selbst betroffen oder getroffen gewesen.

Der Begriff Witz stammt sprachgeschichtlich aus dem Althochdeutschen (ca. 9. Jahrhundert) als Abstraktum daz wizzi zum Verb wizzan, neuhochdeutsch wissen. Der Bedeutungsumkreis von Witz ist somit Wissen, Klugheit, Einsicht, Weisheit, Bewusstsein. Unsere Begriffe „Mutterwitz" oder „Wahnwitz" zeugen noch heute von dieser Ursprungsbedeutung. Zu Beginn des 19. Jahrhunderts wird Witz bereits im Sinne von kluger, geistreicher Einfall verwendet (W. Pfeifer, Edition Kramer 2012, S. 1576).

Sigmund Freud spricht in seinem Aufsatz „Der Witz und seine Beziehung zum Unbewuss-ten" (Studienausgabe IV, S.149 ff.) vom Vorbewussten, in das eine negative, kritikwürdige Erfahrung eingegangen und dann möglicherweise ins Unbewusste abgesunken ist. Freud spricht hier von Verdrängung aufgrund bedrohlicher Gegebenheiten, z. B. durch untragbare politische Zustände, die eine offene Kritik nicht erlauben. Der verdrängte Inhalt kann aber durch irgendeine Begegnung, eine Begebenheit oder eine bestimmte Situation reaktiviert und ins Bewusstsein gehoben werden, dabei aber meist nur bruchstückhaft, vergleichbar mit einem Traumfetzen. In Worte gefasst, erscheint der verdrängte Inhalt dann als Witz. Somit hole der Witz „Verborgenes und Verstecktes" hervor (zit. nach S. Landmann, S. 19). Für Freud erhellt sich das Verständnis des Witzes vor allem im Zusammenhang mit der Traumanalyse. So wie der Traum manchmal nur Inhaltsfetzen, Denkfehler, Scheinlogik, Anspielungen und Verknüpfung von Ungleichartigem bietet, so tut es auch oft der Witz, wodurch er zum Lachen reizt.

Was versteht man unter einem „jüdischen Witz"? Es geht dabei um einen Witz, der das Leben und das Schicksal von Juden thematisiert, wobei vor allem tatsächliche oder behauptete positive oder negative jüdische Eigenschaften oder untragbare Lebensumstände ins Blickfeld geraten.

Unbedingt zu unterscheiden ist der jüdische Witz vom Judenwitz, der, von Nichtjuden erzählt, Juden diffamiert oder verächtlich macht. Nach Freud ist „der Witz die letzte Waffe des Wehrlosen", er spricht sogar vom „feindseligen Witz, der zur Aggression, Satire, Abwehr dient". (Freud, S. 92). Daher ist der oben bereits erwähnte Ausspruch Humor ist, wenn man trotzdem lacht, gerade für den jüdischen Witz zutreffend.

Denn ohne sich immer wieder in den Witz flüchten zu können, hätten die Juden ihre Jahrtausende alte Verfolgungsgeschichte nicht oder nur noch schwerer als ohnedies schon überstanden.

Der Witz im Wechsel der Zeiten

Die einzige „Witz – lose" Zeit lässt sich laut Salcia Landmann für die Zeit der Hebräischen Bibel ausmachen, gemeint sind vor allem die Propheten und der Pentateuch. Der Witz wird hier in scharfer Form abgelehnt, der Spötter wird verurteilt (vgl. z. B. Ps. 1,1). Denn, wie S. Landmann ausführt, ist „der Witz die seelische Waffe des Mannes, der den realen Kampf für aussichtslos hält und aufgegeben hat, der sich letztlich, wenn auch mit innerem Protest, abfinden wird. Die Propheten fanden sich nicht ab. Sie fürchteten weder die Folgen der Tat, noch die der direkten, offenen Aussage, sie scheuten weder Tod noch Martyrium" (S. 24). Bittere Zeiten, wenn sie als gottgewollt angenommen wurden, erzeugten keinen Witz.

Auch Zeiten starker messianischer Erwartung (mittelalterliche Religiosität) oder der jüdischen Mystik in der Spätantike und des Chassidismus, jener osteuropäischen jüdischen Frömmigkeitsbewegung des 18. Jahrhunderts, verhinderten die Entstehung von Witzen. Man fand Trost im mystischen Erleben und in der lebendigen Hoffnung auf den Messias. Die legendären Erzählungen und die Weisheitsgeschichten der Chassidim sind zwar oft humorvoll und scharfsinnig, sind aber mit dem „jüdischen Witz" nicht zu vergleichen.

Erst die exilbedingte bürgerliche Emanzipation und der Einfluss der Aufklärung brachten eine Wende. S. Landmann geht davon aus, dass der jüdische Witz in Deutschland zur Zeit Napoleons eine Hochblüte erlebt hat. Verfolgungszeiten der Juden in Ostmitteleuropa und Russland taten ein Übriges. Die Bereitschaft, Unrecht oder politische Verbrechen als gottgewollt hinzunehmen, schwand, dagegen entstand ein Selbstbewusstsein, das die innere Auflehnung gegen ungerechte Behandlung nicht mehr verdrängte, sondern den Witz als Möglichkeit der Verbalisierung von Widerstand entdeckte. Der Witz wurde zur „einzigen Waffe des wehrlosen Juden gegen seine innere und äußere Vergewaltigung" (Landmann, S. 34).

Der Buchtitel einer Darstellung des jüdischen Witzes drückt es mit seiner Formulierung „Tränen, die zu Lachen werden" sehr plastisch aus (hg. von Johannes Thiele). Somit sind die jüdischen Witze alles andere als oberflächlich oder lediglich spaßbetont zu verstehen, sondern sie sind eine Überlebensstrategie im Versuch, sich der eigenen Identität immer wieder zu versichern und zeugen von einer ungeheuren Lebenskraft und dem Lebenswillen der jüdischen Menschen, die nicht bereit waren und sind, zu resignieren oder sich einem Unrecht zu unterwerfen.

Besonders in der Diaspora, wo sich die Juden als Minderheit ständig im Verteidigungszustand erlebten, war der Witz eine Möglichkeit, Hoffnung und Selbstachtung aufrechtzuerhalten und sich des gemeinsamen Lebenswillens immer wieder zu vergewissern – der Witz als Waffe im Überlebenskampf, der mit dem letzten Mut der Verzweiflung geführt wird.

Selbst während der Leidenszeit durch die Shoah wurden noch Witze gemacht. Ein Beispiel dafür sei an dieser Stelle schon einmal zitiert:

SS-Kommandant zum Juden: „Wenn du errätst, welches meiner beiden Augen aus Glas ist, lass' ich dich laufen." Der Jude: „Das linke." Der SS-Kommandant: „Das ist richtig! Wie hast du das so schnell erkennen können?" Der Jude: „Es guckt so menschlich."

Witz, Selbstbehauptung und Klugheit gehören zusammen, wenn auch der Unterton von tiefer Trauer über die Unabänderlichkeit der Realität oft spürbar ist.

Aber nicht nur Verfolgungszeiten oder die Konfrontation mit dem Antisemitismus brachten den jüdischen Witz hervor, sondern schon immer gehörte es zum Charakter und zur Souveränität der Juden, ihre eigenen

Unzulänglichkeiten und Schwächen im Witz zu ironisieren und beißende Selbstkritik zu üben.

Die Erfahrung, dass sich der Anspruch der Religion an den Menschen und dessen gelebte Realität häufig keineswegs als deckungsgleich erwiesen, führte dazu, dass die Menschen darauf „angewiesen (waren), Spiegelgefechte mit der Wahrheit zu führen" (S. Landmann). Statt sich selbst zu verurteilen oder in Skrupel zu verfallen, hoben sie den Widerspruch zwischen „frommer" Theorie und realer Praxis im Witz auf und konnten dann in Selbstironie über sich lachen. Zeigt sich darin nicht eine wunderbare Abwehrstrategie gegen religiöse Neurosen, von der wir etwas lernen könnten? Auch hier mögen zwei Beispiele das Gesagte veranschaulichen:

Ein Jude kommt zum Metzger und zeigt geradewegs auf einen Schinken und sagt: „Ich hätt' gern diesen Fisch dort." - „Aber das ist doch ein Schinken!" - „Habe ich gefragt, wie der Fisch heißt?

Chassid: „Unser Rebbe fastet von Sabbat zu Sabbat." - „Lüge! Ich habe ihn selber an einem Wochentag essen gesehen." - „Das tut er nur aus Bescheidenheit, damit niemand weiß, dass er fastet."

Da vor allem die Exilsituation für die beißende Schärfe und Lebendigkeit des jüdischen Witzes verantwortlich war, diese Situation aber heute nicht mehr gegeben ist, fehlen die Bedingungen, die den jüdischen Witz hervorgebracht haben. Nach S. Landmann hat „ein Teil des jüdischen Volkes den Naziterror zu überleben vermocht – nicht aber sein Witz. Er gehört heute der jüdischen Vergangenheit an" (Landmann, S. 54). Auch in Israel ist trotz der Erfahrung von existentieller Bedrohtheit und Gefahr der genuin jüdische Witz nicht wieder neu erwacht. Dennoch sind die Witze als Ausdruck einer bewundernswerten Widerstandskraft, einer geistigen Souveränität und eines unzerstörbaren Überlebenswillens jüdischer Menschen zeitlos gültig.

Wie man sieht, reagieren die jüdischen Witze vielfach auf die in schwierigen Zeiten erfahrene Bitterkeit und sind daher teilweise nur aus ihrer Entstehungszeit heraus zu verstehen. Dennoch sind sie als Ausdruck bewundernswerter Widerstandskraft und geistiger Souveränität wie auch eines unzerstörbaren Überlebenswillens zeitlos gültig. Einige weitere Beispiele für den jüdischen Witz

Selbstironisierung

Hier geht es um eine Witzgruppe, die sich mit der Respekt- und Disziplinlosigkeit der Juden untereinander beschäftigt. Nach S. Landmann „eine Haltung, die auch von den Juden selber gern als ‚typisch jüdisch' bezeichnet wird. Sie hängt […] weniger mit dem Volkscharakter als mit einer bestimmten Exilsituation zusammen" (S. 45). Damit ist gemeint, dass die Juden an vielen Orten eng zusammengedrängt und nahe aufeinander angewiesen leben müssen.

Aus einer Trauerrede: „Der selige Herr Kohn war einzig in seiner Art. Leider, leider sterben nicht alle Tage solche Leute!"

Samuel Kohn liegt im Sterben, seine Familie hat sich um das Sterbebett versammelt. Mit letzter Kraft fragt Samuel: „Rebecca, mein Weib, bist du da?" – „Ja, Samuel, ich bin bei dir!" – „Und Jossele, mein Sohn, bis du da?" – „Ja, Tate (Papa), ich bin da." – „Sarah, geliebte Schwiegertochter, bist du da?" – „Ja, Tate, ich bin da!" Richtet sich Samuel auf und fragt: „Und wer steht dann unten im Geschäft?"

Kommt eine Frau zum Rabbiner und sagt: „Rabbiner, Rabbiner, es ist so schrecklich, wir haben so wenig Platz! Eine große Familie, es ist unerträglich! Was sollen wir nur machen?" - Rabbi: „Nehmt die Kuh auch noch mit ins Zimmer!" Am nächsten Tag kommt die Frau wieder zum Rabbi: „Rabbiner, Rabbiner, es ist so schrecklich, wir haben so wenig Platz! Eine große Familie, es ist unerträglich! Wir haben viel weniger Platz. Wir wissen nicht, was wir machen sollen! Was sollen wir nur machen?" - Rabbi: „Nehmt die Hühner auch noch mit ins Zimmer!" Am nächsten Tag kommt die Frau wieder zum Rabbi: „Rabbiner, Rabbiner, es ist so schrecklich, wir haben so wenig Platz! Eine große Familie, es

ist unerträglich! Wir haben viel weniger Platz. Wir wissen nicht, was wir machen sollen! Was sollen wir nur machen?"
Rabbi: „Jetzt stellt ihr die Kuh, die Schafe und die Hühner vor die Tür!"
Am nächsten Tag kommt die Frau wieder zum Rabbi: „Rabbiner, Rabbiner, wie können wir dir nur danken, es ist ein Wunder geschehen! Wir haben soviel Platz!"

Levi steht an der Klagemauer und jammert: „Gott! Mein Sohn, den ich immer im Glauben erzogen habe, wird plötzlich katholisch!" Kommt von oben eine Stimme „Wem erzählst du das?" Fragt Levy „Und was soll ich jetzt tun?" Antwortet Gott: „Machs wie ich, schreib' ein neues Testament!"

Ein koscheres Restaurant. Im Schaufenster hängt ein Bild von Moses. Ein galizischer Jude tritt herein – was sieht er? Der Kellner ist glatt rasiert (nach jüdischem Ritus verboten)!
Der Jude fragt misstrauisch: „Ist hier wirklich koscher?"
Kellner: „Natürlich. Sehen Sie nicht das Bild von Moses im Fenster hängen?" Der Jude: „Ja, aber wenn Sie im Fenster hängen und Moses servieren würde, hätte ich mehr Vertrauen."

Eine der Koscher-Vorschriften schreibt die Trennung von „milchigen" und „fleischigen" Speisen vor.
Welche Kleidung ist garantiert koscher?
Der Bikini: Er trennt das „Milchige" vom „Fleischigen" komplett.

Weimarer- und Hitler -Zeit

General von Ludendorff hält in einem Münchner Kaffeehaus eine antisemitische Hetzrede: „Die Juden und nur die Juden waren schuld an Deutschlands Niederlage!" Da tritt ein jüdisch aussehender Herr auf Ludendorff zu und sagt höflich: „Ich wusste gar nicht, Herr Generalfeldmarschall, dass Sie Jude sind!"

Ein älterer Jude aus Berlin findet sich plötzlich von raubeinigen Nazis umringt, die ihn zu Boden schlagen und höhnisch fragen: „Na, Jude, wer

ist denn schuld am Krieg?" Der Jude ist nicht auf den Kopf gefallen und antwortet: „Die Juden und die Radfahrer. – „Warum die Radfahrer?" fragen die Nazis. „Warum die Juden?" kontert der alte Mann.

1933. In einem deutschen Amtsgebäude meldet sich ein Jude mit der Bitte, seinen Namen ändern zu dürfen. Der Beamte: „Im Allgemeinen lassen wir uns darauf nicht ein. Aber Sie werden wohl starke Gründe haben. Wie heißen Sie denn?" –
„Adolf Stinkfuß".
„Ja – da muss man schon Verständnis haben. Und wie möchten Sie heißen?"
„Moritz Stinkfuß"

Berlin 1938. Auf einer Parkbank („Nur für Juden") sitzt ein Jude und liest die „Jüdische Rundschau". Ein zweiter Jude setzt sich zu ihm und entfaltet ein Exemplar des „Völkischen Beobachter". „Weißt Du denn nicht, was das für ein Hetzblatt ist?", fragt der erste entsetzt. Antwortet der zweite: „Ich lese den „Beobachter" zur Beruhigung. Es ist eine hervorragende Zeitung. Die „Jüdische Rundschau" regt mich auf: Pogrome in Ungarn und Polen. Judenverfolgung in Rumänien, Terror in Palästina ... Aber aus dem „Völkischen Beobachter" erfahre ich, dass wir Juden die reichsten und mächtigsten Leute der ganzen Welt sind, dass uns Juden alle Banken gehören, dass wir ganz Deutschland in der Hand haben, ja, dass wir Amerika und die Sowjetunion beherrschen und bald die ganze Welt! Sag mal ehrlich, findest Du nicht auch, dass der „Völkische Beobachter" ein tolles Blatt ist?"

Im kommunistischen Russland

Ein Moskauer Jude wurde mitten in der Nacht von einem lauten Klopfen an der Tür geweckt. „Wer ist da?" fragte er. „Die Post", wurde ihm erwidert. Der Mann stand auf, öffnete die Tür und fand zwei KGB-Agenten vor. „Sind Sie Moses Goldstein?" fragte einer der Agenten. – „Ja", entgegnete Goldstein. – „Sie haben einen Antrag gestellt, nach Israel auszuwandern?" – „Stimmt. – „Haben Sie hier genug zu essen?" – „Ja, das haben wir." – „Wird Ihren Kindern eine gute kommunistische Ausbildung zuteil?" – „Gewiss." –

„Warum wollen Sie dann eigentlich aus Russland fort?" – „Weil", entgegnete Goldstein, „ich nicht gern in einem Land lebe, in dem die Post nachts um drei zugestellt wird."

Im kommunistischen Polen

Der Lehrer erzählt, wie die Welt in Jahrmillionen entstand.

In der nächsten Stunde fragt er: „Jasiek, wie ist die Welt entstanden?"

„Gott hat sie erschaffen. Herr Lehrer."

„Unsinn! Mieczyslaw! Sag Du es!"

„Gott hat sie erschaffen, Herr Lehrer."

„Was soll das? Mojsche, sag du es ihnen!"

„Die Welt wurde tatsächlich von Gott erschaffen, Herr Lehrer."

„Aber du weißt doch, dass es keinen Gott gibt!"

„Ja, Herr Lehrer, aber damals gab es ihn noch!"

Umgang mit antijüdischen Vorurteilen und Antisemitismus

Moritz trifft sich am Nachmittag mit seinem jüdischen Freund Jakob. „Wir haben heute vom Herrn Pfarrer gelernt, dass ihr Juden den Heiland getötet habt, stimmt das?", fragt Moritz.

„Also, meine Familie war das ganz bestimmt nicht", beeilt sich Jakob zu versichern, „vielleicht waren das Kohns im vierten Stock!"

Literatur

Freud, S. (1905): Der Witz und seine Beziehung zum Unbewussten. In: Sigmund Freud Studienausgabe Bd. IV: Psychologische Schriften, Frankfurt/M 2000

Pfeifer, W. (2012): Etymologisches Wörterbuch des Deutschen. Koblenz: Edition Kramer

Landmann, S. (1963): Jüdische Witze. München: dtv

Landmann, S. (2010): Der jüdische Witz. Soziologie und Sammlung. Herausgegeben und eingeleitet von S. Landmann. Ostfildern: Patmos.

Thiele, J. (Hg.) (2005): Tränen, die zu Lachen werden. Das Buch vom jüdischen Humor. Wiesbaden: Marix.

Spiegel, P. (2010, 4. Aufl.): Was ist koscher? Jüdischer Glaube – jüdisches Leben. Berlin: Ullstein

Irene Berkenbusch, Dr. phil.
Analytische Psychologin (DGAP, IAAP), Dozentin und Lehranalytikerin am ISAP Zürich, Dozentin am C.G.Jung-Institut Stuttgart. Arbeit in freier Praxis in Ludwigshafen a. Rhein. Veröffentlichungen auf psychologischem und literarischem Gebiet.

Aller höhere Humor fängt damit an,

dass man die eigene Person nicht mehr ernst nimmt.

(Hermann Hesse)

Ich versteh' nur Bahnhof!

Ein Mensch ist in einer fremden Stadt und fragt Passanten: „Wo geht's denn hier bitte zum Bahnhof?"

*Der erste Passant ist ein **Sozialpädagoge** und antwortet ihm: „Du, ich weiß es auch nicht, aber ich finde es total gut, dass wir so offen darüber reden können."*

*Dann trifft er auf einen **Psychiater**. Der sagt: „So, so. Sie haben wohl die Orientierung verloren? Passiert Ihnen das öfter? Wo befinden Sie sich? Wie heißen Sie? Welchen Tag und wieviel Uhr haben wir?"*

*Dann einen **Arzt**: „Da wäre wohl eine eingehende Beratung erforderlich, auch telefonisch. Haben Sie ihre Versichertenkarte dabei?"*

*Ein **Verhaltenstherapeut**: „Heben Sie zuerst den rechten Fuß und schieben Sie ihn langsam vor. Setzen Sie ihn vorsichtig auf. Sehr gut! Super! Hier ein Bonbon!"*

*Ein **humanistischer Psychotherapeut** antwortet ihm: „Du, lass jetzt erst einmal voll zu, dass Du zum Bahnhof willst. Vertraue Deinem Bauchgefühl. Wenn Du da wirklich hin willst, dann wird Dir Dein innerer Prozess den richtigen Weg schon zeigen."*

*Ein **Gesprächstherapeut**: „Mmh, ich kann Dich gut verstehen. Du weißt nicht, wo der Bahnhof ist. Und da bist Du etwas verwirrt und das macht Dich auch ein Stück weit ängstlich und wütend?"*

*Ein **Familientherapeut**: „Was glauben Sie, denkt das Kind der Tochter Ihrer Schwester, was Ihre Eltern fühlen, wenn die hören, dass Sie zum Bahnhof wollen?"*

*Ein **freudscher Psychoanalytiker**: „Kann ich Ihnen leider nicht sagen, ich bin zur Neutralität und Abstinenz verpflichtet, gebe grundsätzlich keine konkreten Antworten. Aber was fällt Ihnen denn dazu ein: Etwas Dunkles, Höhlenartiges, wo etwas Langes immer rein und raus fährt?"*

*Ein **jungianischer Analytiker**: „Ah, wunderbar, Sie befinden sich auf der Großen Suche, der Reise des Helden. Das ist eine ganz wichtige archetypisch-numinose Situation, eine sehr wertvolle Erfahrung für Ihre Individuation! … Da fallen mir die Irrfahrten des Odysseus ein. Odysseus befand sich auf der Heimfahrt, hatte den Zauber der Circe und den verführerischen Gesang der Sirenen gut überstanden und befand sich nun zwischen Skylla und Charybdis, als …"*

*Ein **Körpertherapeut**: „Dein Körper weiß bereits die Antwort! Spürst Du die energetischen Impulse in Deinem rechten Bein? Ja …, ja …, lass sie stärker werden! Gut so, lass daraus den nächsten Schritt entstehen."*

*Ein **Hypnotherapeut**: „Schließen Sie die Augen … Entspannen Sie sich … Gehen Sie langsam 10 Stufen nach unten … Sie kommen auf eine grüne Wiese … spüren das Gras unter Ihren Füßen … gehen einen Bach entlang, aufwärts bis zur Quelle … kommen endlich auf einem Berg in einem Wald an die Hütte eines Einsiedlers. Fragen Sie ihn, ob er Ihnen bei der Suche behilflich sein will … Er überreicht Ihnen ein wertvolles Geschenk, das Ihnen weiterhelfen wird …"*

*Ein **transpersonaler Therapeut**: „Lass einfach los, bleibe ganz im Hier und Jetzt, gehe bewusst und achtsam Schritt für Schritt. Gib Dich dem Gehen hin und folge dem Strom des Lebens. Spüre die nonduale Einheit von allem. Sei Dir immer bewusst: Du bist immer schon da! Der Weg ist das Ziel!"*

*Ein **Zen-Meister**: „Hast Du Deinen Koffer gepackt?" „Ja, natürlich!" „Dann pack' ihn wieder aus!"*

*Ein **Provokativtherapeut**: „Haha, gute Frage, ich wette, da werden Sie nie drauf kommen!"*

*Ein **Humor-Therapeut**: „Da fällt mir der alte Witz ein: Ein Mensch ist in einer fremden Stadt und fragt Passanten: ‚Wo geht's denn hier bitte zum Bahnhof?' …"*

Humor im Gehirn –
Die neurobiologische Perspektive

Barbara Wild

Haben Sie Humor? Hier ein kleiner Test. - Wie finden Sie denn diese Geschichte:

Ein Besucher einer psychiatrischen Anstalt fragt den Direktor, nach welchen Kriterien entschieden wird, wann ein Patient aufgenommen wird oder nicht. Der Direktor antwortet: „Wir füllen eine Badewanne, geben dem Kandidaten einen Teelöffel, eine Tasse und einen Eimer und bitten ihn, die Badewanne zu leeren." Der Besucher: „Ich verstehe. Ein normaler Mensch würde den Eimer nehmen, richtig?" Der Direktor: „Nein, ein normaler Mensch würde den Stöpsel ziehen. Möchten Sie ein Zimmer mit oder ohne Balkon?"

Nun, haben Sie gelacht? Wahrscheinlich nicht, denn Sie werden dies alleine lesen und da lacht man seltener als in Gesellschaft. Aber finden Sie diesen Witz gut? Woher wissen Sie überhaupt, dass es ein Witz ist? Und ist das Humor?

Auf jeden Fall haben Sie gerade eine typische Fragestellung der neurobiologischen Humorforschung erlebt. Sehr viele Studien haben genau dies gefragt: Woher wissen wir, dass etwas witzig ist? Was passiert dabei in unserem Gehirn?

Die Ergebnisse dieser Studien werde ich im Folgenden darstellen und am Ende darauf eingehen, inwiefern damit das Phänomen Humor erfasst ist und welche Schlüsse man für den Umgang mit psychotherapeutischen Patienten daraus ziehen kann.

Begonnen hat das neurobiologische Interesse am Humor bereits vor der Ära der funktionellen Bildgebung. In den 1970/80ger Jahren untersuchte eine amerikanische Arbeitsgruppe um den Psychologen Gardner die Funktionen des rechten Stirnhirns bei Patienten mit lokalisierten Hirnschädigungen. Sie legten ihren Versuchspersonen Cartoons und Witze vor und ließen beurteilen, welche von verschiedenen angebotenen Pointen witzig war. Hierbei hatten insbesondere Patienten mit Läsionen der rechten Hirnhälfte Defizite (Gardner et al. 1975).

Allerdings waren damals die Möglichkeiten der anatomischen Zuordnung nicht so exakt wie heutzutage im Zeitalter von Computertomografie und Kernspintomografie. Außerdem konnten Patienten mit linksseitigen Schädigungen nur eingeschränkt untersucht werden, weil sie häufig unter einer Aphasie (also einer Sprachstörung) infolge Schädigung der in der linken Hirnhälfte gelegenen Sprachzentren leiden (was das Verstehen von Sprache generell, nicht nur von Witzen, beeinträchtigen kann). Das Ergebnis („die rechte Hirnhälfte verarbeitet Humor") passte aber zu der damals vorherrschenden Vorstellung, dass die linke Hirnhälfte für das Rationale und die rechte Hirnhälfte für die emotionalen Fähigkeiten zuständig seien.

Dagge und Hartje (Dagge u. Hartje 1985) zeigten allerdings etwas später mit demselben Vorgehen, dass das Defizit der Patienten mit rechtsseitigen Schädigungen weniger die emotionalen Fähigkeiten, sondern mehr kognitive und visuoperzeptive Anteile der Aufgaben betraf. Auch spätere Untersuchungen an Patienten belegten weniger spezifische „Humordefizite" nach rechtsseitigen Läsionen, sondern einen Zusammenhang mit Einschränkungen der visuellen Wahrnehmung,

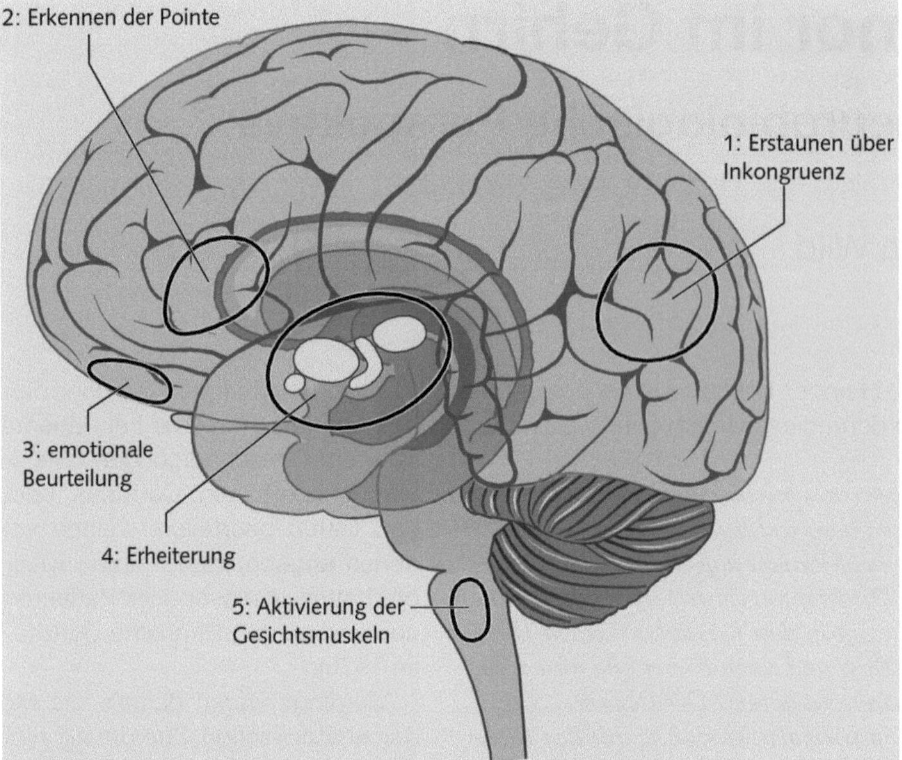

Die Abbildung zeigt ein Gehirn von links. Die Spitze des linken Schläfenlappens ist nicht dargestellt, wodurch Hirnstamm und Innenseite des rechten Schläfenlappens sichtbar sind.
1: Grenzgebiet zwischen Schläfenlappen, Scheitellappen und Hinterhauptslappen
2: Außenseite des linken Stirnhirns
3: Vorder-und Mittelseite des linken Stirnhirns
4: limbisches System mit Mandelkernen (Amygdala), Hypothalamus, Hippocampus und N. accumbens
5: Hirnstamm (Kern des Gesichtsnerven)

des Arbeitsgedächtnisses, der verbalen Abstraktionsfähigkeit und der mentalen Flexibilität (Shammi u. Stuss 1999; Zaidel et al. 2002).

Als Fazit aus den Untersuchungen an Patienten kann also festgehalten werden, dass ein starker Zusammenhang zwischen der Fähigkeit, Witze zu verstehen, und einer Reihe von kognitiven Fähigkeiten besteht.

Neurobiologie des Humors

Momentan existieren 15 Studien mit funktioneller Bildgebung (Goel u. Dolan 2001; Mobbs et al. 2003; Moran et al. 2004; Azim et al. 2005, Azim et al. 2005; Goldin et al. 2005; Bartolo et al. 2006; Wild et al. 2006; Watson et al. 2006; Goel u. Dolan 2007; Samson et al. 2008; Reiss et al. 2008; Schwartz et al. 2008; Samson et al. 2009; Kohn et al. 2011; Bekinschtein et al. 2011). Praktisch ausschließlich wurde die Verarbeitung von Witzmaterial untersucht. Dabei handelte es sich sowohl um Cartoons mit und ohne Text, vorgelesene Witze wie auch kurze Filmsequenzen.

Fünf Hauptgebiete von Aktivierungen wurden gefunden (vgl. obige Abbildung): 1. links im Grenzgebiet zwischen Schläfenlappen, Scheitellappen und Hinterhauptslappen (temporo-parieto-occipital), 2. an der Außenseite des linken Stirnhirns, 3. an der Vorder- und Mittelseite des linken Stirnhirns und 4. in verschiedenen Teilen des sogenannten limbischen Systems (unterhalb des Großhirns).

Ein zunächst verblüffendes Ergebnis dieser Studien ist, dass im Gegensatz zu den Patientenstudien die rechte Hirnhälfte eine geringere Rolle als die linke spielt.

Zur Interpretation dieser Ergebnisse sollte man sich vergegenwärtigen, welche logischen Handlungen zum Verstehen eines Witzes notwendig sind. Von Suls stammt ein für die spätere Humorforschung sehr einflussreiches 2-Stufen-Modell (Suls 1972): Bei einem Witz muss zunächst eine Inkongruenz (zwischen Witzanfang und der verblüffenden Pointe am Ende) erkannt werden, die dann in einem 2. Schritt aufgelöst wird, indem ein neuer Zusammenhang hergestellt wird.

Ruch hat später darauf hingewiesen, dass noch eine 3. Stufe notwendig ist: Im Gegensatz zum Beispiel zu einem Rätsel entsteht bei einem guten Witz am Ende die Emotion der Erheiterung (Ruch u. Hehl 1998). Ein Teil der Befunde aus der funktionellen Kernspintomografie ist gut mit diesem Modell in Einklang zu bringen.

Fast alle oben genannten Studien fanden eine Aktivierung im Bereich des Grenzgebietes zwischen Schläfen-, Scheitel-und Hinterhauptslappen (temporo-parieto-occipital, Abb. 1, „1", insbesondere in den Brodmannarealen (BA) 21, 37 und 39), hauptsächlich links. Aus anderen Studien weiß man, dass Gebiete nicht nur an visuell-räumlicher Aufmerksamkeit, sondern auch an der Verarbeitung komplexer Sprache, an Gedächtnisfunktionen, beim Ziehen logischer Schlüsse und besonders auch bei Mentalisierungs- oder Theory-of-Mind-Prozessen beteiligt sind.

Es liegt deshalb nahe, diesem Gebiet das Erkennen von Inkongruenz im Witz zuzuordnen. Dafür ist es nötig, zunächst seine Aufmerksamkeit zu fokussieren, oft muss auf Gedächtnisinhalte zurückgegriffen werden und dann müssen logische Schlüsse gezogen werden (so wie das im oben genannten Witz der Besucher versucht). Für das Verstehen vieler Witze braucht man außerdem die Fähigkeit zur Mentalisierung. Nur wenn man sich im genannten Witz in den Direktor hineinversetzen kann, versteht man, warum dieser ein Zimmer anbietet.

Auch das bei Witzen ebenfalls sehr häufig aktivierte Bordmannareal 38 links, das an der Spitze des Temporallappens liegt, wird in Zusammenhang gebracht mit Theory-of-Mind-Prozessen und mit emotionalen Sprach-und Gedächtnisaufgaben und ist möglicherweise ebenfalls an diesem Schritt der Verarbeitung von Witzen beteiligt.

In mehreren Studien fanden sich Aktivierungen im Bereich des linken Stirnhirns in den BA 44,45 und 47 (Abb. 1, „2"). Das Brodmannareal 44 bezeichnet das motorische Sprachzentrum. Die anderen beiden Gebiete (BA 45 und BA 47) sind ebenfalls wichtig für komplexere Sprachfunktionen, zum Beispiel für das Ironieverständnis und das Verstehen von Metaphern (Rapp u. Mutschler 2011). Auch Zeichensprache wird hier decodiert. Diese Gebiete sind also offensichtlich aktiv bei der Verarbeitung von nichtwörtlicher Sprache und Symbolen. Deshalb liegt es nahe, dass dieses Gebiet für den zweiten Schritt der Witzverarbeitung, nämlich das Erkennen eines neuen, oft nur im übertragenen Sinn vorhandenen Zusammenhangs notwendig ist. Bekinschtein et al. (2011) verglichen Witze, die auf der Doppeldeutigkeit von Worten beruhen, mit solchen, bei denen Doppeldeutigkeit keine Rolle spielte (und nicht witzigen doppeldeutigen/nicht doppeldeutigen Sätzen) und fanden, dass sprachlich Doppeldeutiges innerhalb dieser Gebiete temporal („1") und frontal („2") spezifische Anteile aktivierten.

Eine weitere Übereinstimmung der Aktivierungen in mehreren Studien findet sich in den funktionell zusammengehörigen Brodmannarealen 9 und 10 an den Vorder-/Mittelseiten des Stirnhirns (Abb.1, „3"). Dieses Gebiet ist zum Beispiel an Gedächtnisfunktionen und Entscheidungen über Handlungen, Aufmerksamkeitsprozessen insbesondere in Bezug auf emotionale Stimuli und Entscheidungen zwischen verschiedenen Belohnungen beteiligt. Dies sind alles Prozesse, die zum Verständnis von Witzen beitragen können. Aber auch Selbstwahrnehmung, soziale Kognition und bewusste Emotionsregulation gehen hier mit Aktivität einher.

Diese Aufzählung zeigt ein methodisches Problem der funktionellen Bildgebung: Gerade im Stirnhirn sind viele Gebiete nicht nur bei einer, sondern bei unterschiedlichsten Aufgaben aktiv und es ist noch bei Weitem nicht klar, was das Verbindende dieser unterschiedlichen Funktionen ist. Möglicherweise besteht ein gemeinsamer Nenner der beobachteten

Foto: www.4ever.eu

Aktivierungen. Alternativ ist denkbar, dass relativ kleine Teile eines größeren Broodmannareals unterschiedliche Funktionen haben und deshalb bei verschiedenen Experimenten aktiviert werden, aber aus methodischen Gründen nicht getrennt werden können (die räumliche Auflösung der funktionellen MRT liegt im Millimeter-Bereich).

In Bezug auf die Verarbeitung von witzigen Stimuli ist es jedenfalls durchaus vorstellbar, dass in diesem Gebiet (BA 9/10, frontopolar bzw. anterolateraler präfrontaler Cortex) die bewusste emotionale Verarbeitung stattfindet. Gerade bei Witzen ist es dabei ja relevant, inwiefern sich der Witz auf einen selbst bezieht und inwiefern der Witz sozial akzeptabel ist.

Dazu passt auch, dass in diesem Gebiet nicht nur eine positive Korrelation der Aktivierung mit der subjektiven Witzigkeit (Goel u. Dolan 2001), sondern auch eine positive Interaktion zwischen subjektiver Witzigkeit und sozialer Akzeptanz der Witze gefunden worden ist (Goel u. Dolan 2007). Zur emotionalen Verarbeitung, zu dem Gefühl der Erheiterung trägt

aber sicher auch noch die beobachtete Aktivierung von Strukturen bei, die nicht zur Großhirnrinde, sondern zu darunter gelegenen, phylogenetisch älteren Gebieten der Emotionsverarbeitung gehören: der N. accumbens, die Mandelkerne (Amygdala), der Hippocampus, der Hypothalamus, der Thalamus und die Basalganglien (Abb.1, „4").

Ein Teil dieser Strukturen wird dem so genannten limbischen System, das eine wichtige Rolle bei der Emotionsverarbeitung hat, zugeordnet. Besonderes Augenmerk hat die Aktivierung des N. accumbens gefunden. Dieses Kerngebiet ist Teil des so genannten mesolimbischen dopaminergen Belohnungssystems. Aus Tierversuchen weiß man schon lange, dass hier eine Aktivierung stattfindet, wenn ein Ereignis besser als erwartet ist.

Eine Aktivierung bei Menschen wurde erstmals in einer Studie mit kokainabhängigen Patienten gefunden, nachdem diesen statt Kochsalzlösung Kokain gespritzt worden war (Breiter et al. 1997). Gute Witze schaffen das aber auch (Mobbs et al. 2003b; Azim et al. 2005;

Watson et al. 2006)! Für gute Witze ist es ja gerade typisch, dass die Pointe verblüffend ist und dass man eben nicht schon das Ende vorausahnt, sondern positiv überrascht wird.

Richtig gute Witze führen aber nicht nur zu komplexen kognitiven Prozessen, sondern auch zu mimischen Äußerungen, von einem zarten Lächeln bis hin zu lautem Lachen. Diesen Aspekt konnten wir dank einer Kernspintomografie-tauglichen Videokamera, mit der wir die Mimik der Versuchspersonen während der Betrachtung von Cartoons beobachteten, untersuchen (Wild et al. 2006). Damit ließ sich die Aktivierung bei Cartoons, die zu Lächeln führten, und solchen, die kein Lächeln auslösten, unterscheiden.

Bei Lächeln nach subjektiv witzigen Cartoons fanden wir eine stärkere Aktivierung im Bereich der Amygdala, des Hippocampus und des G. parahippocampalis als bei ebenfalls witzigen Cartoons ohne mimische Reaktion. Diese Gebiete gehören zum limbischen System und sind anatomisch eng mit dem Hirnstamm verbunden, wo die Kerngebiete der Hirnnerven sitzen (Abb.1, „5"). Über die Hirnnerven wird dann wiederum ein Lächeln oder Lachen in der Muskulatur getriggert. Bei willkürlichem Lächeln, das unsere Versuchspersonen auch ausführen mussten, zeigte sich ein ganz anderes Aktivierungsmuster: Daran war vor allem der motorische Cortex beteiligt, nicht das limbische System.

Aktivierungen im Mittelhirn und Hirnstamm sind mit fMRT schwerer zu untersuchen als diejenige in der Hirnrinde, weil hier die aktivierten Nervenzellen enger beieinanderliegen, aber weniger Volumen beanspruchen und damit die Methode am Rande der Leistungsfähigkeit eingesetzt wird. Zudem zeigt fMRT nur Orte mit aktivierten Nervenzellen, nicht die Verbindungen (durch die sogenannten Axone) zwischen diesen. Aus Studien an Patienten mit gut lokalisierten, kleinen Läsionen lässt sich aber rekonstruieren, dass die Impulse im Hirnstamm für willkürliche Mimik entlang der sogenannten Pyramidenbahn, an der Vorderseite (rostral) verlaufen, die Impulse für emotionale Mimik aber an der Rückseite (dorsal,

tegmental) (Wild et al. 2003), also auf anatomisch getrennten Bahnen.

Lachen entzieht sich bisher der wissenschaftlichen Untersuchung. Eigene Vorversuche gaben wir wegen zu starker Bewegungsartefakte auf und bislang existiert keine Studie, die mittels funktioneller Bildgebung das Lachen untersucht.

Die oben zitierten 15 Studien hatten unterschiedliche Schwerpunkte, z. B. Unterschiede zwischen verschiedenen Witztypen (Goel u. Dolan 2001; Samson et al. 2008; Samson et al. 2009) oder zwischen Männern und Frauen (Azim et al. 2005; Kohn et al. 2011.), auf die ich hier nicht näher eingehen möchte. Was sich dabei aber zeigte, ist, dass es kein „Humorzentrum" gibt, sondern je nach experimenteller Anforderung unterschiedliche „Werkzeuge" des Gehirns aktiv werden, z. B. Gebiete der visuellen Wahrnehmung und der räumlichen Orientierung bei Cartoons oder Mentalisierungsgebiete bei Theory-of-Mind-Aufgaben.

Alle bisher dargestellten Befunde beziehen sich auf die Wahrnehmung von Witzmaterial. Dies lässt sich mittels funktionaler Bildgebung am einfachsten untersuchen. Der Begriff Humor umfasst aber in meinen Augen noch sehr viel mehr.

Unter Humor verstehe ich, angelehnt an Ruch (Ruch 2011) und McGhee (McGhee 2011), ein Bündel von komplexen Verhaltensweisen, die sich ergeben aus Charaktereigenschaften einerseits und aktueller Stimmung und Situation andererseits.

Humor ist ein persönlichkeitsbedingter kognitiv-emotionaler Stil der Verarbeitung von Situationen bzw. des Lebens, der Welt im Allgemeinen. Dieser Stil ist charakterisiert durch die Fähigkeit, auch negativen Situationen positive Seiten abzugewinnen, sich nicht aus der Ruhe bringen zu lassen, sogar darüber lächeln zu können.

Ferner gehört dazu die Fähigkeit, diese Sichtweise auch anderen zu vermitteln und sie zu erheitern. Humor hat also emotionale Anteile: Menschen mit Humor lachen gerne, sind gelassen. Es existieren kognitive Anteile: Menschen mit Humor schätzen Komik, Blödsinn und Inkongruenz, können spontan und spielerisch sein, über sich lachen und Witziges auch trotz Stress im Alltag entdecken. Wichtig sind aber auch soziale Aspekte: sich von anderen erheitern lassen, zu wissen, wann und wem man welchen Witz erzählen kann, andere auch durch Bemerkungen, Mimik oder Gestik zum Lachen zu bringen und dadurch letztendlich mit witzigen oder komischen Bemerkungen soziale Situationen zu regulieren.

Mit Humor als Charaktermerkmal haben sich bisher zwei Studien auseinandergesetzt: Mobbs und Kollegen (Mobbs et al. 2005) fanden eine Korrelation zwischen dem Ausmaß der Aktivierung durch witzige Cartoons und den Persönlichkeitsmerkmalen Extroversion/Introversion und Stabilität/Neurotizismus in bestimmten Gebieten. Allerdings bestand keine Korrelation mit den Werten der Versuchsperson in dem Sinn-für-Humor-Test von Svebak (Sense of Humor Questionnaire SHQr, Svebak 1974).

Wir (Rapp et al. 2008) sahen in einer Pilotstudie eine Korrelation der Werte der Versuchspersonen für „Erheiterbarkeit" im State und Trait Humor Inventar (STHI, Ruch u. Köhler 1999) mit Aktivierung in einem Gebiet im rechten unteren Scheitellappen (parietal, BA 19/39). Das war für uns zunächst erstaunlich, weil dieses Gebiet gar nicht zu den oben beschriebenen „Humorwerkzeugen" gehört. Aber dieses Gebiet wird zum Beispiel mit Kreativität in Verbindung gebracht und könnte im Zusammenhang stehen mit der Bereitschaft, sich auf den bei Witzen notwendigen Perspektivenwechsel einzulassen.

Es zeigt sich also auf neurobiologischer Ebene, dass selbst etwas so vermeintlich Einfaches wie die Wahrnehmung von Witzen ein viele Gebiete des Gehirns umfassendes Netzwerk aktiviert und dabei je nach Bedarf auf einzelne „Werkzeuge" oder Funktionen des Gehirns zurückgreift. Alle anderen Aspekte des Humors, also zum Beispiel die Fähigkeit zur Produktion von Komik und Witzen, zum passenden Verhalten in sozialen Situationen, zur Tendenz, über sich selbst lachen zu können oder spielerisch und kreativ zu sein, sind

bisher nicht untersucht worden. Ebenso wenig existieren bisher bildgebende Studien zu der Frage, ob Menschen mit psychischen Störungen z. B. Witze cerebral anders verarbeiten. Ob und wie psychiatrische Erkrankungen aber Aspekte des Humors beeinflussen, dazu gibt es allerdings Informationen, wie im Folgenden dargestellt wird.

Humor bei psychiatrischen Krankheiten
Wer mit depressiven Menschen arbeitet, weiß, dass bei einer schwereren Depression das Vermögen fehlt, bei einer positiven Stimmung mitzuschwingen und das gilt auch für die erheiterte Reaktion auf Witze. So erwähnten Nussbaum und Michaux positive Reaktionen auf witziges Material bei depressiven Patienten als einen Prädiktor der klinischen Besserung (Nussbaum u. Michaux 1963).

Dabei sind Menschen mit Depression durchaus in der Lage, Witze als solche zu erkennen. Sie lassen sich durch Witze und Komik aber weniger erheitern, wie wir in einer Studie mithilfe des STHI von Ruch zeigen konnten (Falkenberg et al. 2011b). Sie zeigen Defizite in der kognitiven Verarbeitung von Witzen, was assoziiert ist mit der Wahrnehmung einer geringeren Witzigkeit der Stimuli (Uekermann et al. 2008). Menschen mit mehr depressiven Symptomen lehnen Witze jeder Kategorie stärker ab (Hehl 2004), benutzen Humor seltener als Bewältigungsstrategie (Deaner u. McConatha 1993; Thorson u. Powell 1994; Freiheit et al. 1998; Falkenberg et al. 2011b) und zeigen häufiger selbstentwertende und aggressive, also maladaptive, Humorstile (Martin 2007).

Aus klinisch-praktischer Sicht finde ich das Konzept von Martin (2007) sinnvoll, zwischen maladaptiven und adaptiven Humorstilen zu unterscheiden. Zu den ersteren zählt er selbstentwertenden und aggressiven Humor, während selbstbestärkender und mit dem Gegenüber Kontakt aufnehmender Humor, bei dem man gemeinsam über dasselbe lacht, als adaptiv betrachtet wird. Es lohnt sich, bei Patienten, die witzige Äußerungen machen, darauf zu achten, welche dieser Kategorien sie bevorzugen und sie gegebenenfalls auch darauf anzusprechen. Gerade das Hinterfragen von selbstentwertendem Humor führt oft zu interessanten Erkenntnissen in der Therapie.

Interessant ist auch die Frage, ob verminderter/veränderter Humor ein Risikofaktor für Depression sein könnte. Wir haben Menschen, die eine schwere Depression (mit stationärer Behandlung) durchlebt hatten, nun aber nicht mehr depressiv waren, untersucht (Publikation in Vorbereitung). Diese ehemaligen Patienten zeigten in Bezug auf alle untersuchten Humorparameter (Erheiterbarkeit im STHI, Bevorzugung bestimmter Witztypen im 3WD (Ruch 1992), Humor als Bewältigungsstrategie (Martin 1996) keine signifikante Abweichung mehr von der Kontrollgruppe. Dies spricht dafür, dass es sich bei der beobachteten Störung der Humorfunktionen während der Depression um ein vorübergehendes Phänomen und nicht um eine schon lange vorhandene Anlage handelt. Dazu passt auch, dass in einer Gruppe von Patienten mit remittierter bipolarer Störung keine Auffälligkeiten in der Einschätzung von witzigen Stimuli gefunden wurden (Bozikas et al. 2007).

Erheiterung und Angst sind gegenläufige Gefühlszustände. Witziges kann deshalb kurzfristig Ängstlichkeit reduzieren, wie in vielen Untersuchungen gezeigt wurde. In einer Studie von Szabo und Mitarbeitern bei gesunden Frauen erreichte ein 20-minütiges witziges Video mehr Reduktion von Angst und negativen Gedanken als ein gleich langes Training auf einem Fitnessbike oder das Anhören von Musik (Szabo et al. 2005). Dabei dürfte auch eine Rolle spielen, dass die Verarbeitung witziger Stimuli nicht nur positive Stimmung erzeugt, sondern auch höhere kognitive Abforderungen stellt als z. B. die Benutzung des Fitnessrades und dadurch weniger Kapazität für ängstliches Grübeln vorhanden ist (Strick et al. 2009).

Allerdings muss der Witz zum Betroffenen passen: In einer anderen Studie zeigte sich, dass bei der Mehrzahl der Probanden Angst reduzierende Cartoons als weniger witzig empfunden wurden, wenn sich die Probanden mit dem Protagonisten identifizierten und dieser als Opfer dargestellt wurde (Moran 1996).

Zudem können Witze auch Angst hervorrufen (Janes u. Olson 2010). In dieser Studie zeigten die Probanden dann mehr Angst vor Fehlern, wenn sie zuvor Witze, bei denen Dritte entwertet wurden, angehört hatten. Andererseits führte das Anhören von selbstentwertenden Witzen zu mehr Kreativität und weniger Angst vor Fehlern. Die Autoren interpretieren dies so, dass die Probanden einerseits mehr Angst hatten, selbst zur Zielscheibe von Witzen zu werden.

Andererseits führte selbstentwertender Humor bei anderen Personen vielleicht zu mehr Mut und Offenheit im eigenen Denken. Nicht vergessen werden sollte auch, dass es Menschen gibt, die Angst davor haben, ausgelacht zu werden (die sogenannten Gelotophobiker, Titze 2009). Daraus lässt sich auf jeden Fall die Devise folgern, dass man Witze mit, nicht über den Patienten machen sollte und dass man als Therapeut sehr darauf achten muss, welche humorvollen Bemerkungen in der jeweiligen Situation passend sind.

Bei Patienten mit Schizophrenie, Demenz oder Alkoholabhängigkeit ist die Problematik anders gelagert. Hier ist das Problem weniger eine fehlende Kapazität, sich erheitern zu lassen. Vielmehr können kognitive Defizite das Verständnis für Witze, Scherze, Ironie beeinträchtigen. Bei Suchtpatienten im Besonderen, aber natürlich auch bei anderen Menschen, findet man auch eine Tendenz, mit humorvollen Äußerungen eine tiefere Auseinandersetzung mit sich selbst zu vermeiden.

Witziges und Komik können in der Psychotherapie aber auch benutzt werden, um einen Perspektivwechsel hervorzurufen. So ergab z. B. eine systematische verhaltenstherapeutische Studie bei Patienten mit Spinnenphobie, dass das Betrachten von humorvollen Stimuli (zum Beispiel einer Spinne im Ballettrock) die Angst genauso gut reduzierte wie klassische Desensibilisierung (Ventis et al. 2001). Klinische Fälle mit humorvollen hypnotherapeutischen Interventionen beschreibt z. B. Hain (Hain 2011). Auch er postuliert die Bedeutung einer Umbewertung der zuvor Angst auslösenden Situation und dass dies mit Humor leichter falle.

Angemerkt werden sollte noch, dass es auch Versuche gibt, Humorfertigkeiten wie diesen Perspektivwechsel gezielt mit Patienten in Gruppen zu üben (s. z. B. (Hirsch 2011; McGhee 2010, McGhee 2011; Falkenberg et al. 2011a).

Humor hat also viele Facetten, von denen bisher nur ein kleiner Teil neurobiologisch untersucht ist. Aber schon das Verständnis simpler Witze benötigt ein komplexes neuronales Netzwerk. Lachen habe ich hier übrigens nur am Rande erwähnt, weil es in meinen Augen ein Ausdruck von Humor sein kann, aber längst nicht immer ist. So existiert z. B. auch ein höhnisches Lachen oder Grinsen und sehr oft ist Lächeln eher Ausdruck von Verlegenheit als von Erheiterung. Es lohnt sich deshalb auch in der Therapie, diese emotionalen Äußerungen zu hinterfragen und nicht einfach als etwas Positives zu bewerten.

Andererseits ist Humor eine Fertigkeit, die eine wichtige Rolle im menschlichen Miteinander, auch in der Therapie spielt und nicht außen vor gehalten werden kann oder überhaupt sollte. Denn wenn man mit dem Patienten statt über ihn lacht, kann es auch gelingen, neue Sichtweisen auf die alten Probleme und eine weitere Möglichkeit zu deren Bewältigung zu vermitteln.

Literatur

Aus Platzgründen sei bezüglich der Literaturangaben verwiesen auf das von der Autorin herausgegebene Buch und hier insbesondere die beiden Kapitel: Humor im Gehirn oder: wo ist denn das Humorzentrum? Humor, Gesundheit und psychische Erkrankungen - ein Beipackzettel. In: Barbara Wild (Hrsg.) (2012): Humor in Psychiatrie und Psychotherapie. Stuttgart: Schattauer, S. 47-65.

Barbara Wild, Prof. Dr. med.
Fachärztin für Neurologie und Psychiatrie, Psychotherapie, Psychiatrische Universitätsklinik Tübingen und eigene Praxis

Impressum

Jung-Journal
Forum für Analytische
Psychologie und Lebenskultur
Jahrgang Heft 29, Februar 2013
ISSN: 1867-4690
ISBN: 978-3-939322-29-0

Herausgeber
C. G. Jung-Gesellschaft Stuttgart
www.jung-journal.de
www.opus-magnum.de

Bankverbindung:
opus magnum, Postbank, BLZ: 60010070
Konto-Nr.: 570344702
IBAN: DE60 6001 0070 0570 3447 02
BIC: PBNKDEFF

Erscheinungsweise, Abo, Vertrieb
Halbjährliches Erscheinen, im Februar und August jeweils am Anfang des Monats.
Ein Jahresabonnement mit 2 Heften kostet € 15,- incl. Versandkosten. Bestellungen über:
Internet: www.jung-journal.de
E-Mail: mail@jung-journal.de
Fax: +49 (0)711 678 85 49
Postadresse: opus magnum
Hirsauer Str. 39, 70569 Stuttgart

Redaktion
Dr. Lutz Müller, Anette Müller, Bernd Leibig, Margarete Leibig, Dieter Volk

Layout
Barbara Fischer

Beiratsmitglieder der C. G. Jung-Gesellschaften
Dr. Evelyn-Christina Becker (CGJ-Gesellschaft Leipzig)
Dr. Irene Berkenbusch (ISAP Zürich)
Dr. Ursula Bernauer (CGJ-Forum Freiburg)
Esther Böhlcke (CGJ-Gesellschaft Hannover)
Dr. Renate Daniel, (CGJ-Institut Küsnacht)
Prof. Dr. Brigitte Dorst (CGJ-Gesellschaft Köln)
Lydia Heisig-Stängle (CGJ-Gesellschaft Ulm)
Dr. Günter Langwieler (CGJ-Gesellschaft Berlin)
Susanne Lindtberg (Psychologische Gesellschaft Basel)
Volker Münch (CGJ-Gesellschaft München)
Dieter Schnocks (CGJ-Gesellschaft Stuttgart)
Dr. Andreas Schweizer (Psychologischer Club Zürich)

Webmaster
Walter Fleritsch

Druck
Kohlhammer Stuttgart

Verlag
opus-magnum, Stuttgart, www.opus-magnum.de

Die Inhalte der Artikel geben nicht unbedingt die Meinung der Redaktion wieder. Für unverlangt eingesandte Manuskripte übernehmen wir keine Haftung.

„Immer Ärger mit Harry" – oder „Wohin mit der Leiche?"

Film von Alfred Hichcock

Dieter Volk

Alfred Hitchcock – geradezu ein Markenname. Über fünfzig Werke hat er der Filmwelt hinterlassen. Thriller, gewagt und oft anstößig, voll Nervenkitzel und Spannung. Filme mit Motiven von Verwirrung und Angst, von Schuld und Sühne, oft kreisend um Themen von Bedrohung und Verlust der Identität, häufig an Studien über Obsession oder Voyeurismus erinnernd.

Nervenkitzel und Spannung in Hitchcocks Filmen bedienen sich weniger der Formen des „klassischen" Kriminalfilms. Dort entstehen diese zumeist durch Momente der Überraschung. Bei Hitchcock beruht Spannung jedoch darauf, dass der Zuschauer in andauernder Angespanntheit gehalten wird, dass er in einem Zustand permanenter Unsicherheit schwebt. Das deshalb, weil ihm ab einem gewissen Zeitpunkt des filmischen Geschehens Informationen und Umstände bekannt sind, von denen die handelnden Personen aber nichts wissen. Der Zuschauer ist scheinbar ins bedrohliche Geschehen eingeweiht. Dabei entsteht bei ihm eine Reaktion, die aus der Besorgnis um einen Protagonisten kommt. Man sieht Ereignisse kommen, kann aber nicht helfend eingreifen. Dieses Konzept hat Hitchcock derart einzigartig und genial verwendet, dass man ihn auch als „master of suspense" bezeichnet hat.

Galliger Humor

Immer verstand es der Meister, seine Filme mit Ironie und einem wenngleich galligen Humor zu versehen. Aber nur ein einziges Mal hat er sich an einer „Komödie" versucht und dabei

mit „Immer Ärger mit Harry" („The trouble with Harry") 1955 einen Film geschaffen, der weniger von „suspense", vielmehr von skurrilem und makabrem Humor geprägt ist. Es heißt, der Meister der Spannung habe mit diesem, seinem „englischsten" Film testen wollen, ob das amerikanische Publikum mit schwarzem Humor etwas anfangen kann. Besonders erfolgreich war der Film in den USA allerdings nicht. Dass „Harry" nicht zu Hitchcocks

Klassikern gerechnet wird, ist schade, denn er ist ein reizvoller Film, überdies einer jener viel kopierten Hitchcock-Filme, deren Klasse aber in keinem der Remakes erreicht wurde.

Hitchcock hat in seinen Filmen immer wieder die Frage fasziniert „Wohin mit der Leiche?" – Seine Bösewichter sind dabei meist sehr erfindungsreich. In „Das Fenster zum Hof" wird sie in einem Koffer aus dem Haus getragen, in „Frenzy" in einen Kartoffelsack gesteckt. Dabei ist dieses Thema im Geschehen immer ein Nebenplot. In „Immer Ärger mit Harry" füllt das Problem jedoch einen ganzen Film. Mancher mag sagen, das Spiel mit solch einer Thematik sei wenig oder gar nicht komisch. Jedoch versprühen der schwarze Humor und der Charme vergangener Jahre einen Zauber, dem man sich kaum entziehen kann.

Der Ärger mit Harry ist, dass er tot ist, und sein lästiger Leichnam einer Reihe von unbescholtenen und friedfertigen Bewohnern einer ebenso ruhigen und friedlichen Ortschaft in Vermont reichlich Probleme bereitet.

Eine pure Idylle

Aber betrachten wir uns das Geschehen etwas genauer. Die Geschichte beginnt mit pittoresken Bildern, als solle dem Zuschauer in einem Essay die Schönheit des Herbstes in Neu-England vor Augen geführt werden: ein sonniger Tag, strahlend blauer Himmel, Hügel und Wälder in sanftem Rot, Braun und Gold – wie gemalt! Die Bewohner des nahe gelegenen Dorfes könnten sich des herrlichen Tages erfreuen.

So auch der pensionierte Kapitän Albert Wiles, der die Wälder durchstreift und sich auf – allerdings verbotene – Hasenjagd begeben hat. Ebenso seine Nachbarin, die altjüngferliche Miss Gravely, die den schönen Tag zum Blaubeerpflücken nutzt. Auch der Arzt des Dorfes stapft, Gedichte rezitierend, durchs

Gehölz. Oder der erfolglose Maler Sam Marlowe, immer auf der Suche nach einem reizenden Motiv. Ruhe, ja Friede liegt über dem Ort, die pure Idylle! Bis, ja bis der kleine Arnie, auch er im nahe gelegenen Wald unterwegs, einen Mann regungslos am Boden liegend findet. Der ist – man kann es sich denken – mausetot. Der Bub rennt zu seiner Mama (die junge Shirley MacLaine in ihrem Filmdebüt), um sie zum Fundort zu holen.

Währenddessen macht sich Jäger Wiles auf die Suche nach seinen erlegten Hasen und stößt auf den leblosen Mann. Sofort ist er davon überzeugt, eine seiner abgegeben Kugeln habe den Mann zur Strecke gebracht. Allerdings, da ist kein Schrecken bei ihm, auch verschwendet er keinen Gedanken daran, sich um Hilfe zu bemühen oder gar den Sheriff zu verständigen. Nein, da der Leblose ganz offensichtlich ein Unbekannter ist und es außerdem ein Unfall war – so die Logik des Schützen – wäre es wohl das Einfachste, ihn schnell im Gehölz verschwinden zu lassen, um ihn dann zu begraben. Doch bevor er die Tat vollbringen kann, überrascht ihn die Beeren sammelnde Miss Gravely. Und nach und nach ist der Wald bevölkert mit einer Reihe von Dorfbewohnern, gibt es ein munteres Stelldichein bei der Leiche: der Jäger, die Dorfjungfer, die junge Mutter, der Arzt, der Maler.

Unangemessene Reaktionen

Angesichts des Toten könnte, ja müsste man annehmen, dass sich die Szene verdüstert, die Protagonisten erschrocken, womöglich erschüttert sind. Jedoch entgegen dieser Erwartung und, eigentlich unangemessen, zeigt keiner von ihnen eine solche Reaktion, geht der Tod niemandem nah. Sie bleiben einfach gleichgültig. Mehr noch, Jennifer Rogers, die junge Mutter, zeigt unumwunden Freude angesichts des Toten. Und der Zuschauer ist konsterniert, als er später erfährt, dass der Tote Jennifers Ex-Mann ist. Miss Gravely, ganz Dame, ist angesichts des Toten weder verwirrt noch verliert sie die Contenance, vielmehr nutzt sie die Gelegenheit, um den alten Kapitän auf den Nachmittag zu Tee und Blaubeermuffins einzuladen. Der Maler hat nur den Blick für das interessante Motiv, und der Doktor bemerkt gar nichts, selbst als er über das Hindernis stolpert.

Immer wieder gestört in seinem Unterfangen, findet Wiles zu guter Letzt im Maler einen Helfer beim Verbuddeln der Leiche. Und jetzt beginnen die Verwicklungen, und allmählich kommt Fahrt ins beschauliche Geschehen. Kaum ist Harry unter der Erde, kommt dem Jäger die Erkenntnis: Drei Schüsse hat er abgegeben. Mit dem ersten Schuss hat er eine Blechbüchse getroffen, mit dem zweiten das Schild „Jagen verboten", und mit dem dritten hat er den Hasen erlegt, da kann er gar nicht der Täter gewesen sein. Um sich dessen ganz sicher sein zu können, besteht er darauf, Harry wieder auszugraben. Tatsächlich, dieser weist keine Schussverletzung auf, hat statt dessen aber eine Schramme am Kopf.

Wohin mit der Leiche?

Doch halten wir an dieser Stelle inne und schnaufen mit Wiles etwas durch. Harry ist unter der Erde. Der Kapitän könnte eine vorläufige und Harry seine letzte Ruhe gefunden haben. Mitnichten! Mehrmals noch wird er begraben und wieder ausgegraben werden. Denn plötzlich scheint es im Ort eine Schar von Tätern zu geben. Keiner von ihnen hat Interesse daran, dass der Sheriff vom Fund erfährt. Und sie haben dafür gute Gründe. Sowohl Miss Gravely als auch Jennifer Rogers fühlen sich für den Tod Harrys verantwortlich. Jede hat ihm aus unterschiedlichen Gründen eine übergezogen. Der Maler, inzwischen für Jennifer entflammt, hat Bedenken, weil er befürchtet, man könne annehmen, dass er Harry aus Eifersucht erschlagen hat. So kommt es, dass die harmlosen und unbescholtenen Personen sich je nach Stand ihrer Überlegungen immer wieder darin einig sind, Harry ein- bzw. wieder auszubuddeln.

Wie bei jedem gekonnt erzählten Witz unterstreichen solche sich wiederholenden Szenen das komische Moment des Geschehens und überzeichnen es hier ins Groteske. Mehr noch, mit diesen Wiederholungen gelingt es, die durchgängige Zwiespältigkeit der Erzählung zugespitzt vor Augen zu führen und zu zeigen, wie sich hinter der Idylle Abgründe auftun, wie hinter der biederen und schlichten Fassade der Dörfler eine nicht zu vermutende kriminelle Energie zutage tritt. Sie lenken, geradezu diagnostisch, den Blick auf die dunklen Seiten der Figuren. Dies aber nicht schadenfroh, gar boshaft, vielmehr wirft Hitchcock einen liebevollen, wohlwollenden Blick auf die Schwächen seiner Helden, und in diesem humorvollen Umgang mit deren Schattenseiten dürfen die Widersprüche bestehen bleiben.

Wenn die Dorfjungfer über ihre Auseinandersetzung mit Harry bekennt: „Ich war erregt, sehr erregt. Ich glaube, ich war noch nie so erregt gewesen", fällt es nicht schwer, ihre große Angst vor ihrer ganz persönlichen Schattenthematik, einer nicht gelebten Sexualität, zu verstehen. Jedoch scheint in den nicht oder allenfalls unbewusst gelebten Seiten – in Miss Gravelys unbewusstem Wunsch nach Sexualität, in Wiles trotteligem „Jagdtrieb", in der Rach- und Vergeltungssucht der jungen Witwe – so viel Wirkmacht zu stecken, dass den Personen der Blick auf die Realität verloren geht. Ganz konkret handelnd müssen sie den Auslöser dieser Verunsicherung und Bedrohung immer wieder aus dem Blickfeld verschwinden lassen – Harry wird verbuddelt.

Wie im Märchen hat die Wiederholung auch hier eine geradezu magisch-rituelle Bedeutung, um das vermeintlich Böse zu bannen. Obgleich dieses im Licht der aufblitzenden Bewusstheit seine Bedrohlichkeit verliert und die eigenen niedrigen Instinkte und Tötungsfantasien weniger real bedrohlich erscheinen, braucht es dennoch der konkret entlastenden Überprüfung – Harry wird wieder ausgegraben.

Vehikel der Veränderung

Neben der ungeheuren Vielfalt der Dialoge, oft sarkastisch und zynisch, aber auch voll von sexuellen Anspielungen sind es zunehmend die köstlichen Bilder jenseits der Eingangsidylle, die dem Film sein besonderes Gepräge geben. Und diese Bilder und Dialoge sind dabei von einer solch „schrägen", inkongruenten Kommunikation, dass sie beim Betrachter Kopfschütteln, Schmunzeln, ja befreiendes Lachen bewirken. Wenn die „Helden" mit geschulterten Spaten wie die Schildbürger im Dämmerlicht über den Höhenzug schleichen,

schattenartig, scherenschnittgleich wie aus dem Märchenbuch genommen – welch faszinierendes „Spiel mit dem Ernst". Wenn das eigentlich ernste, gar makabre Thema immer zwischen Verharmlosung und satirischer Übertreibung changiert, treibt der Film nicht nur ein ironisches Verfremdungsspiel, mehr noch: Er weiß um die befreiende und Spielraum schaffende Bedeutung des Komischen und Skurrilen. Wie so oft ist auch hier das Humorvolle, wenn auch in seiner schwarzen Variante, das Vehikel zu Entwicklung und Veränderung.

Ob Harry letztlich eingebuddelt bleibt, was überhaupt mit der Leiche passiert, zu welchem Ende der ganze Ärger mit Harry führt, sei hier nicht verraten. Nur so viel soll gesagt werden: Harry hat zwar gestört und die Idylle vermiest, er hat zur Lüge gezwungen. Dann aber hat der Ärger mit ihm dazu verholfen, neben der Lüge der Wahrheit, neben dem Licht dem Schatten Raum und Geltung zu verschaffen.

Und so wäre es nicht verwunderlich, wenn mancher Leser schon lange vermutet hätte, das „mörderische Kammerspiel" um Harry könne sich wenden und werde in einem Schwank, gar mit einem Happy End münden? Nein, nicht für Harry, der ist und bleibt tot – aber eines will Hitchcock zu guter Letzt Leinwand füllend festhalten: „The trouble with Harry is over".

„Immer Ärger mit Harry", ein Film von Alfred Hitchcock (1955), ist als DVD im Handel erhältlich.

Dieter Volk
Analytischer Kinder- und Jugendlichen-Psychotherapeut, Dozent am C. G. Jung-Institut Stuttgart. Dort Initiator der Veranstaltungsreihe „Film im Keller".

Bei der Katzenärztlichen Vereinigung

Eine Fantasie zum Zulassungsausschuss

Jörg Rasche

Vorbemerkung: Diesen Text habe ich 2006 geschrieben, als ich mich entscheiden sollte, entweder nur Kinder und Jugendliche oder Erwachsene psychoanalytisch und -therapeutisch zu behandeln. Ich hatte beide Ausbildungen gemacht und finde noch heute, dass sich beides gut ergänzt. Vor die unsinnige Wahl gestellt, habe ich schließlich der KV meine Zulassung zurückgegeben.

„So, Herr Kollege, Sie wollen also eine richtige Katzenarztpraxis betreiben. Wissen Sie eigentlich, was das heißt?!"

Der Vorsitzende baute sich vor dem jungen Antragsteller auf. Seine Schnurbarthaare zitterten, und die Augen traten ihm aus dem Gesicht. Fast schrie er: „Eine Katzenarztpraxis ist kein Spaß, und sie ist auch kein Vergnügen, sondern harte Arbeit. Jawohl! Die Sitzung ist eröffnet."

Der Vorsitzende lehnte sich zurück. Es war ein alter Kater, mit blassen Augen und abgebissenen Ohren. Es war ihm anzusehen, dass er schon mit ganz anderen antragstellenden Katern fertig geworden war. Dem schlug das Herz bis zum Hals. Bevor er sich noch gefasst hatte, fuhr der Vorsitzende fort, in versöhnlicherem Ton, wie es scheinen konnte:

„Na, dann zeigen Sie mal?"

„Ja, was denn?" fragte der Antragskater ahnungslos.

„Na, die Krallen natürlich!", sagte der Vorsitzende. „Zeigen Sie mal Ihre Krallen her!"
Der Antragskater streckte eingeschüchtert die Pfoten aus.

„Ja was ist das denn, beim heiligen Stanislaus, was haben Sie denn mit Ihren Krallen gemacht? Die sind ja ganz stumpf!", rief der Vorsitzende aus, und setzte hinzu: „Sind Sie etwa krank?"

„Nein, nicht krank", antwortete der Antragsarzt, „ich habe lange im Öffentlichen Gesundheitsdienst gearbeitet."

„Aha, da haben wir's", sagte darauf der Vorsitzende, und zu den anderen Mitgliedern des Ausschusses gewandt fuhr er fort: „Meine Herren Kollegen, sehen Sie sich das an. Dieser Doktor hier kommt aus dem Öffentlichen Dienst, da haben sie ihm sozusagen die Krallen gezogen. Im Angestelltenverhältnis, das hat er ja auch geschrieben, als Verwaltungskatze, als Gesundheitsamtskatze, das ist noch schlimmer als Hauskatze. Die werden da mit öffentlichem Dosenfutter gemästet, und sie schlafen immerzu auf dem Schreibtisch."

Der Antragskater wurde immer kleiner. Er öffnete das Maul, um irgendetwas zu sagen, doch der Vorsitzende schnitt ihm das Wort ab: „Wenn Sie Katzenarzt sein wollen, dann müssen Sie erst mal ihre Krallen in Ordnung bringen, haben Sie das verstanden? Und dann müssen Sie vollständig für die Mäuse da sein, den ganzen Tag, und vor allem die ganze Nacht dürfen Sie an gar nichts anderes mehr denken als an Mäuse! Und vergessen Sie das öffentliche Kitekat, da fallen Ihnen bloß die Zähne raus."

Der Antragskater schluckte. Nie wieder sollte er Dosenfutter haben, nie wieder auf einem Schreibtisch gemütlich schlummern? Natürlich, auch im Gesundheitsamt gab es gelegentlich Mäuse, um die man sich kümmern musste. Da waren die Routinemäuse, die kleinen Einschulungsmäuschen, aber auch die fetten Sozialamtsmäuse oder die mageren Kirchenmäuse, die man erst einmal ein paar Türen weiter schicken musste zur Sozialarbeiterin, damit sie aufgepäppelt wurden. Für die wenig attraktive Arbeit war das öffentliche Dosenfutter ein willkommener Ausgleich. Ob er, so begann er zu denken, vielleicht einen Bestandsschutz dafür erwirken könnte?

Doch der Vorsitzende fuhr in seiner Belehrung fort: „Von der Abenddämmerung bis zum Morgen dürfen Sie an überhaupt nichts anderes mehr denken als an Mäuse, haben Sie das verstanden?"

Es war das der Moment, in dem auch die anderen Ausschussmitglieder etwas sagten: „Mäuse, ja Mäuse", sagten sie halblaut vor sich hin und nickten zur Bestätigung, „wir denken immerzu nur an Mäuse."

Befriedigt lehnte sich der Vorsitzende zurück und sagte zu der Katze, die das Protokoll schrieb (der einzigen Katze übrigens unter lauter alten Katern): „Schreiben Sie: Der Antragsteller verpflichtet sich, nur an Mäuse zu denken und seine Praxis die ganze Nacht offen zu halten. Doch, mein lieber junger Herr Kollege" - damit wandte er sich wieder an den Antragskater, „damit nicht genug. Bei der Katzenärztlichen Vereinigung gelten bestimmte Regeln. Wenn wir sie als Katzenarzt für erwachsene Mäuse zulassen, dann dürfen Sie keine Kinder und jugendlichen Mäuse mehr fressen, ich meine behandeln. Sie verstehen, dass das notwendig ist zum Schutze des Bestandes. Wenn die jungen Mäuse schon behandelt werden, bleiben keine alten übrig. Das nennen wir Bestandsschutz, verstanden? – Schreiben Sie: Der Antragsteller wurde über seine Rechte und Pflichten aufgeklärt."

Der zukünftige Katzenarzt nutzte die Gelegenheit, um sich umzublicken. Der Ausschuss bestand aus sechs älteren Katern, die mehr oder weniger wach hinter ihren Akten saßen. An ihren vernarbten Gesichtern war zu sehen, dass sie schon lange in vorderster Front als Katzenärzte tätig waren. Einer zog sich beständig an den Barthaaren, ein anderer brütete dumpf vor sich hin. Manchmal zuckte er zusammen, als sähe er weiße Mäuse. Er schrak auf, als der Vorsitzende mit der Pfote auf den Tisch schlug.

„Und noch etwas", so fuhr er fort, „wenn Sie meinen, Sie könnten weiterhin auch solche privat versicherten Fledermäuse behandeln, wie Sie in Ihrem Brief geschrieben haben – dann sehen Sie sich vor. Die Privatliquidation von Fledermäusen ist ein Vorrecht, verstehen Sie: ein Vorrecht, das nur alt gedienten Katzenärzten zusteht." Seine Blicke bohrten sich in die des kleinen Antragskaters vor ihm.

Dieser begann, sich ernsthaft schuldig zu fühlen. Er hatte tatsächlich die eine oder andere Fledermaus privat liquidiert – immerhin hatte er von der Liquidation von Wühlmäusen und Feldmäusen Abstand genommen – schon deshalb, weil sie so schwer zu erwischen waren. Doch so eingeschränkt hatte er sich die Katzenarzttätigkeit nicht vorgestellt. Nur Hausmäuse also sollte er behandeln, kein öffentliches Dosenfutter mehr erhalten, keine kleinen Einschulungsmäuschen mehr sehen, nur alte, abgemagerte oder übergewichtige Kassenmäuse.

Ob seine Entscheidung für die Katzenärztliche Vereinigung wirklich so klug gewesen war? „Zu spät", hallte es in ihm, als der Vorsitzende zum letzten Schlag ausholte: „Das Wichtigste aber kommt jetzt! Sie müssen nämlich bei unserem Katzenkonzert mitsingen! Einmal im Monat, wenn der Vollmond wie ein großer strahlender Euro am nächtlichen Himmel steht, dann versammeln wir uns auf den Dächern und singen den Bürgern etwas vor."

Der Vorsitzende geriet ins Schwärmen: „Wir singen von Mäusen und unserer wichtigen Arbeit. Wir singen auch von den Kätzchen im Vorzimmer, am liebsten aber von Privatliquidationen und unserem heldenhaften Kampf gegen die Krankheiten. Meistens geht es darum, dass wir zu wenige Mäuse abbekommen. Dann singen wir vom Bestandsschutz. Es ist das allerschönste Katzenkonzert. Wir erwarten selbstverständlich, dass Sie mitsingen. Können Sie überhaupt singen?"

Es war eine rhetorische Frage, auf deren Antwort der Vorsitzende gar nicht erst wartete.

„Sie sind also einverstanden!", donnerte er. „Wir von der Katzenärztlichen Vereinigung müssen zusammenhalten. Jetzt, wo Sie dazugehören, müssen Sie auch mit uns singen, sozusagen mit dem Wölfen heulen. Hahaha!"

Der Vorsitzende lachte dröhnend und erhob sich. Der ganze Ausschuss erhob sich und lachte. Was blieb dem jungen Doktor übrig? Er öffnete das Mäulchen und lachte. Er lachte immer lauter, er lachte, bis ihm die Tränen kamen, und wenn ihm das Lachen nicht vergangen ist, dann lacht er noch heute.

Jörg Rasche, Dr. med.
Facharzt für Psychotherapeutische Medizin, Psychoanalyse/Psychotherapie, Kinderpsychiater im Gesundheitsamt Charlottenburg-Wilmersdorf in Berlin und in freier Privat-Praxis. Er war lange Vorsitzender der DGAP, Vizevorsitzender der IAAP und ist gegenwärtig Vorsitzender der DGST (Deutsche Gesellschaft für Sandspieltherapie). Zahlreiche Veröffentlichungen zu Mythologie, Musik und Geschichte aus jungianischer Sicht. Dozent an den Jung-Instituten Berlin und Zürich. Für Verdienste um die Völkerverständigung und die Ausbildung in Analytischer Psychologie erhielt er 2012 das Goldene Verdienstkreuz der Republik Polen.

Ich habe gelernt, vom Leben nicht viel zu erwarten.
Das ist das Geheimnis aller echten Heiterkeit
und der Grund, warum ich immer angenehme Überraschungen
statt trostloser Enttäuschungen erlebe.

(George Bernard Shaw)

Bachelor-Studiengang in Psychologie

Das C. G. Jung-Institut Stuttgart plant, zusammen mit einer Hochschule, Studiengänge in Psychologie anzubieten

Voraussichtlicher Start Herbst 2013

Seit dem Jahr 2008 gibt es Hochschulpläne des C. G. Jung-Instituts Stuttgart. Sie entstanden – beflügelt durch die Möglichkeiten des neuen Hochschulgesetzes, private Hochschulen zu gründen – aus dem Wunsch heraus, die Konzepte der Analytischen Psychologie auch interessierten Hochschulstudierenden im Fach Psychologie zugänglich zu machen. Hinzu kommt, dass die Psychotherapieausbildung künftig vermutlich als „Direktausbildung" an den Hochschulen stattfinden wird. Die jetzigen Ausbildungsinstitute brauchen dann die Anbindung an eine Hochschule.

Auch das C. G. Jung-Institut in München ist übrigens dabei, gemeinsam mit den anderen psychoanalytischen Ausbildungsinstituten, einen Master-Studiengang zu planen. Möglicherweise ergeben sich daraus interessante Formen zukünftiger Zusammenarbeit.

Auf einer Mitgliederversammlung des Instituts in Stuttgart wurde bereits 2008 ein entsprechender Arbeitskreis ins Leben gerufen. Wir konnten das Interesse der IB-Hochschule gewinnen und begannen vor etwa drei Jahren, die Inhalte für einen Psychologiestudiengang zu entwickeln, zunächst im Arbeitskreis, seit Oktober 2012 in intensivem Austausch mit einem Team der IB-Hochschule.

Derzeit werden zwei Bachelor-Studiengänge konzipiert. Der erste hat den Schwerpunkt **„Pädagogische und Klinische Psychologie"** der zweite den Schwerpunkt **„Medienpsychologie"**. Es besteht zur Zeit kein Numerus Clausus, was das Studium natürlich sehr attraktiv macht.

Eingang C. G. Jung-Institut Stuttgart.
(Foto: SylviaRunkel)

Wir hoffen, damit zwei für junge Menschen sehr zukunftsträchige und interessante Berufsfelder zu erschließen und auch zur Zukunftsfähigkeit der Analytischen Psychologie beizutragen.

Wenn Sie also, liebe Leserin, lieber Leser, jemanden kennen, der/die jemanden kennt, der/die an einem solchen Studium Interesse haben könnte, wären wir Ihnen dankbar, wenn Sie ihn auf dieses reizvolle Angebot aufmerksam machen würden. Weitergehende Informationen finden Sie auf der Internet-Homepage:

www.psychologie-studium.eu

Anette Müller

Liebe Leserinnen und Leser,

seit geraumer Zeit gibt es die Möglichkeit der „digitalen" Kommunikation im C. G. Jung-Forum (www.jung-forum.de) im Internet.

Die Kommunikation über das weltweite Netz ist in den letzten Jahren immer üblicher geworden, und es könnte spannend sein, auszuloten, welche Möglichkeiten darin auch für an Analytischer Psychologie interessierte Menschen liegen. Deshalb möchte ich das Jung-Forum hier vorstellen und über meine eigenen Erfahrungen berichten.

Im Moment ist das Forum in vier Bereiche – oder Räume – unterteilt.

Der erste Bereich – **Einstieg und Austausch** – ist gedacht wie ein öffentlicher Marktplatz. Er soll vor allem dem allgemeinen Austausch von Informationen und Anregungen dienen. Wer ein bestimmtes Zitat sucht, wer ein interessantes Buch gelesen oder einen Film gesehen hat und sich darüber austauschen möchte, ist hier richtig. Hier bietet die weltweite Vernetzung sicher eine große potenzielle Bereicherung. Allerdings kann natürlich nur dann ein effektiver Austausch stattfinden, wenn sich genügend Menschen beteiligen.

Die Amplifikation ist eine Möglichkeit, sich Symbolen zu nähern, die in Träumen oder auch in anderen Situationen erscheinen. Auch hier ist das Internet prädestiniert: Es ist noch nie so leicht gewesen, an Bild- und Textmaterial vergangener und gegenwärtiger Erscheinungsformen des Symbolischen in Religionen, Mythen und Kunstwerken, in der Werbung, Mode und anderen gesellschaftlichen Bereiche heranzu-

kommen. Allerdings meist in unsortierter und oft so unüberschaubarer Form, dass man sich leicht überflutet fühlt.

In diesem Zusammenhang ist die Rubrik **Sammlung der Symbole** ein Versuch, gemeinsam Amplifikations- und eigenes Erfahrungsmaterial zu bestimmten Symbolen zu sammeln, zu sortieren und zu bewahren. Auch hier gilt natürlich, je mehr sich mit ihrem Wissen und ihren Erfahrungen daran beteiligen, umso eher kann das gelingen.

Der zweite Bereich – **Diskussionsräume** – dient dem tiefergehenden Gespräch.

Auf welche Weise solch ein Gespräch – im weltweit öffentlichen Raum – stattfindet, ob sehr direkt persönlich oder distanziert abstrakt liegt an den beteiligten Menschen, und führt auch immer mal wieder zu Konflikten und Unvereinbarkeiten. Deshalb ist es hier besonders wichtig, mit einem Fantasienamen zu schreiben. Wenn man aber Glück hat und einen Gesprächspartner findet, der/die ähnlich genug denkt und empfindet, kann es zu einer großen gegenseitigen Bereicherung führen: ein Stück gemeinsamen Gehens auf dem Weg der Individuation.

Der dritte Bereich – **Experimentelle Räume** – ist eigentlich noch ziemlich leer. Er soll den Rahmen bieten für eventuelle Experimente mit dem Medium Internet, z.B. einen Raum, in dem man in eine oder mehrere Rollen schlüpfen und der Fantasie freien Lauf lassen kann, um auf eine andere Art mit dem Unbewussten in Verbindung zu kommen.

Der vierte Bereich ist nur für angemeldete Benutzer sichtbar. Es handelt sich hier um *Private Räume*. Diese Räume sind festen Gruppen vorbehalten. Sie werden bei Einrichtung mit einem Kennwort geschützt, so dass nur die Gruppenmitglieder dort lesen und schreiben können. Diese privaten Räume könnten z. B. interessant sein für Nachbesprechungen von Seminaren, oder für Gesprächsgruppen, bei denen die Teilnehmer weit voneinander entfernt wohnen.

Als Ergänzung zur „analogen" Kommunikation, dem direkten Gespräch, bietet die „digitale" Kommunikation nicht nur eine gewisse Unabhängigkeit vom Ort, sondern auch von der Zeit.

Hier kann auch das „langsame" Wahrnehmen seinen Platz finden. Das finde ich persönlich einen wichtigen Aspekt. (Mir fallen nämlich oft erst am nächsten Tag die interessantesten Aspekte zu einem Vortrag oder Seminar ein!)

„Das Paradox [...] wird dem Unerkennbaren mehr gerecht als die Eindeutigkeit, die das Geheimnis seiner Dunkelheit entreißt und damit als ein Erkanntes hinstellt." (C. G. Jung, Psychologie und Religion, S. 208)

Das C.G. Jung-Forum ist noch relativ jung. Eingetaucht in das weltweite Netz, erscheinen mitunter gegensätzliche Positionen in schier unvereinbarer Form. Sich als Gemeinschaft darauf einzulassen und behutsam damit umzugehen, scheint mir eine spannende Herausforderung im Sinne C. G. Jungs zu sein.

Vielleicht kann das C.G. Jung-Forum ein SELBSTbewusster und SELBSTverständlicher Vertreter des Jungschen Gedankengutes in den „Neuen" Medien werden. Dafür braucht es aber viele leidenschaftliche, fachlich kompetente, kreative und gut geerdete Begleiter auf seinem „Individuationsweg". Wir würden uns daher freuen, wenn auch Sie Interesse hätten, mitzumachen.

C. Ernst

P. S. Danke an alle, die bisher (z. T. wirklich viel !!!) Zeit, Herzblut und Wissen – und Frustrationstoleranz – in das Forum gesteckt haben.

Borderlands

Zweite Europäische Konferenz für Analytische Psychologie vom 29. 8. - 2. 9. 2012 in St. Petersburg

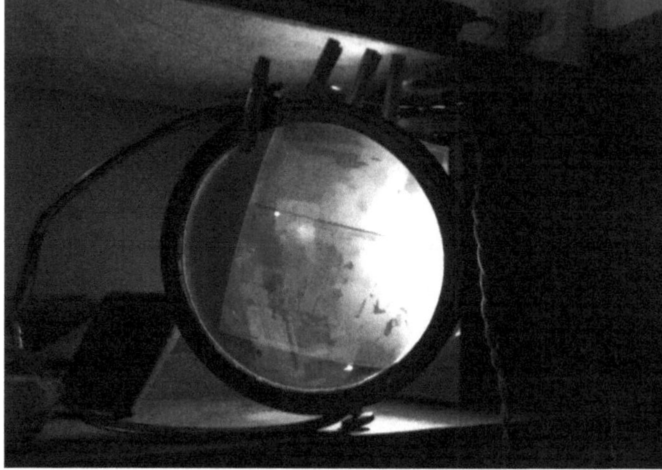

Im Museum der Anna Achmatowa (Foto: Anka Semmig)

Mit dem Audioguide am Ohr gehe ich an diesem sonnigen Augustmorgen durch das kleine Museum der Anna Achmatowa. Zimmer für Zimmer schreite ich durch die Wohnung, das Leben, das Werk der Dichterin. Hier in Fontanny Dom hat sie einen Großteil ihres Lebens verbracht. Ich lausche den liebevollen Beschreibungen ihrer Biografie, in die immer wieder einzelnen Zeilen ihrer Dichtung eingeflochten sind: „Ich erinnere alles zur selben Zeit." Nur wenige Besucher sind hier. Mir fällt eine blonde Frau auf, die hinter mir den Raum betritt, staunend über die Poesie dieses Ortes wie ich. Später begreife ich, dass das Ursula Wirz ist, deren Bücher ich zwar kenne, die mir hier, in St. Petersburg, bei der Zweiten Europäischen Konferenz für Analytische Psychologie aber zum ersten Mal persönlich begegnet. Sie waren doch heute Morgen auch im Museum der Anna Achmatowa, frage ich sie am Nachmittag im Hotel Angleterre, wo die

Konferenz stattfindet – gleich gegenüber der Isaakskathedrale mit ihrer prächtigen Goldkuppel. Ja, antwortet sie. Und ich habe in allen Buchhandlungen nach ihrer Dichtung auf Englisch oder Deutsch gefragt, aber nichts gefunden.

„Grenzland – Borderlands" – ist das Thema dieser Tagung. Immer wieder wird die Symbolik des Titels in den Vorträgen aufgegriffen, immer wieder auch die traumatische Vergangenheit Russlands und Europas insgesamt thematisiert. Jerome Bernstein widmet sich in seinem Beitrag Grenzgängern (Borderland Personalities im Unterschied zu Borderlinern) und dem Grenzland zwischen Dunkelheit und Licht als einem individuellen wie auch kollektiven Phänomen. Kristina Schellinski hält einen bewegenden Vortrag über die existenziellen Fragen von Ersatzkindern, geboren, um jemand kürzlich Verstorbenen zu ersetzen und zeigt uns das erschütternde Tagebuch der elfjährigen Tanja Sawitschewa, der russischen Anne Frank, die während der Belagerung Leningrads während des Zweiten Weltkriegs Buch führt über das Sterben ihrer Familienmitglieder – sie bleibt als letzte übrig.

Es sind viele Russisch sprechende Kolleginnen und auch einige Kollegen da, aus Russland, aus der Ukraine, aus den Anrainerstaaten. Immer wieder konstelliert sich ein Ost-West-Gegensatz und wird für mich spürbar, inklusive der Geschichte des Kalten Krieges und der kollektiven Traumata auf beiden Seiten, die sich damit verbinden. In der täglichen Discussion Group ist Raum, uns auszutauschen über das, was uns – neben den Fachdiskussionen – persönlich und emotional bewegt. Immer wieder ist von Scham die Rede: die Scham zur Kultur der Täter zu gehören bei den Deutschen. Die Scham, unwissend, hinterher zu sein auf der russischen Seite, denn die Analytische Psychologie konnte sich hier erst seit dem Zusammenbruch der UdSSR entfalten.

In der Pause trinke ich meinen Tee mit den russischen Kolleginnen. Mit Händen und Füssen und wenigen Brocken Englisch oder Deutsch versuchen wir, eine Konversation zu führen. Unsere Austauschmöglichkeiten sind beschränkt – und doch entsteht zwischen uns ein warmherziger Kontakt, habe ich das Gefühl, diesen Frauen begegnen zu können. Immer muss ich dann ein russisches Wort denken: sobornost – Verbundenheit in der Verschiedenheit. Die junge Frau, mit der ich spreche, ist aus der Ukraine, auch sie macht die Kinder- und Jugendlichen-Psychotherapieausbildung – wie ich. Am nächsten Tag steckt sie mir ein Ringbuch mit einigen Aufsätzen darin zu: Development of Child Analytical Psychology in Ukraine. Ich bin beeindruckt vom Engagement der Gruppe, die hinter dieser kleinen Publikation steckt. Morgens, wenn wir in der Dream Matrix unsere Träume teilen, staune ich darüber, wie viele russische Märchen zur Sprache kommen, – und dass der Froschkönig in Russland eine Froschkönigin ist.

Einige Veranstaltungen geben kleine Einblicke in die russische Kultur: Elena Pourtova und Maria Loseva zeigen die psychologische Weitsicht Dostojewskis auf, der zwar nicht über das Unbewusste sprach, sich aber in seinen Romanen oft mit dem Unbewussten seiner Charaktere identifizierte und deren Polyphonie innerer Stimmen beschreibt. Vladimir Tsivinsky führt aus, was Utopia als Symbol und Metapher für die russische Mentalität bedeutet. Zum reichhaltigen russischen Festessen am letzten Abend fahren wir mit einem Schiff auf der Newa, vorbei an den zahlreichen prachtvollen Bauten St. Petersburgs wie der Eremitage.

Während ich über den Friedhof am Alexander-Newskij-Kloster gehe, auf dem die Russen mit wunderschönen Grabmälern ihre Künstler, Schriftsteller, Musiker würdigen, denke ich über die gerade zu Ende gegangene Konferenz nach, das Zusammensein mit den osteuropäischen Kolleginnen und Kollegen. Die Trennung, der Riss, der im 20. Jahrhundert diesen Kontinent in zwei Hälften teilte (und dessen Einheit in diesen Tagen wiederum in vielerlei Hinsicht bedroht ist), ist immer noch spürbar, als eine Wunde, die heilen kann, wenn wir uns – wie in den Tagen in St. Petersburg – begegnen.

Anka Semmig

Georg Henkel
Der Innere Narr –
lebensfroh | kreativ | spirituell
Buch mit 56 Spielkarten
Esslingen: Gesundheitspflege initiativ
2013, 302 S., ca. 28,80 €
ISBN 978-3-932161-81-0
erscheint ca. März 2013

Dr. Georg Henkel – Theologe, Lehrer und Coach – arbeitet in seinem Buch „Der Innere Narr" heraus, dass die Verbindung des Weisen und Narren keine zufällige Erscheinung oder gar bedauerliche Entgleisung ist. Die Exkurse des Autors in unterschiedlichsten Kulturen zeigen, dass der Narr von großer Bedeutung für die kollektive Gesundheit ist. Ja mehr noch: Sehr wohl kann närrisches Verhalten der Ausdruck einer hohen spirituellen Entwicklungsstufe sein („Spiritualität ohne Humor ist keine").

In jedem Fall kann der Narr verkrustete Strukturen massiv in Frage stellen und damit wirkungsvolle Impulse für Verwandlung und Entwicklung geben. Insofern ist ein tieferes Verständnis für den Archetypus des Narren gerade für Therapeuten von größtem Wert.

Henkel bezieht sich in seinem Buch mehrfach auf Roberto Assagioli, den 1974 verstorbenen Begründer der Psychosynthese, der wiederum sich wesentlich auch von C. G. Jung hat inspirieren lassen.

Ein Kapitel ist entsprechend dem „Inneren Narren auf der Couch" gewidmet und bietet Hinführungen zu einer Arbeit mit inneren Bildern, für die die anschließenden Abschnitte zahllose weitere Anregungen bereitstellen. „Der Innere Narr" ist nicht nur geistesgeschichtlich ausgesprochen informativ. Dem Leser erschließt sich ein nachhaltiges und globales Narren-Phänomen, sei es in der Bibel, im Zen, bei den Indianern, bei Buddha, Eckhart Tolle, Byron Katie, Rudolf Steiner, bei Drukpa Künleg, den germanischen Mythen, im modernen Berufsalltag oder den Medien.

Der heiter-inspirierte Duktus macht das Lesen dieser „Narrologie" zum lehrreichen Vergnügen, zumal sich der Innere Narr des Autors in kurzen Abständen das gesamte Buch hindurch mit vorlauten Zwischenbemerkungen und illustrierten Intermezzi bestens zur Geltung bringt. Ohne wiederholtes Auflachen dürfte „Der Innere Narr" nicht zu lesen sein. Über die kulturgeschichtlichen Aspekte hinaus wird der Leser immer wieder angeregt v. a. seinem eigenen Inneren Narren auf die Spur zu kommen. Dafür sorgen regelmäßige „Blicke in den Narrenspiegel" in Form von Fragen oder auch kreativen Impulsen.

Im vierten Teil des Buches („Narrenspiele") werden die 11 Gaben des Inneren Narren dargestellt und damit das kostbare Potenzial des Narren-Archetypus sowohl für die alltägliche Lebenskunst als auch für die Therapie noch einmal auf den Punkt gebracht.

Ganz praktisch wird der Leser sodann in ein 56 Karten umfassendes Spiel eingeführt. Dieses Kartenspiel ist elementarer Bestandteil des Buches und eröffnet mit zahlreichen Vorschlägen für die spielerische Auseinandersetzung einen neuartigen, spielerischen Übungsweg, um den Inneren Narren zu erschließen.

Joachim Keding

Walter Hollstein
Was vom Manne übrig blieb
Das missachtete Geschlecht
Stuttgart: opus magnum
Überarbeitete Neuauflage 2012
308 Seiten, Paperback, 24,90
ISBN: 978-3-939322-57-3

Walter Hollsteins Thesen werden zunehmend brisanter. Im sonntäglichen Politik-Talk der ARD ging es kürzlich um die Frage, ob Deutschland ein Sexismus-Problem hat. Günther Jauch, der Moderator, wies Alice Schwarzer darauf hin, dass sie ihm mal in einer Talkrunde gesagt habe, seine Krawatte sei auch nur ein Penisersatz. Schwarzer überhörte das. Jauch wurde grundsätzlicher und meinte, wenn er Vergleichbares zu einer Frau gesagt hätte, wäre das sexistisch gewesen. Schwarzer ignorierte ihn erneut.

Das sei typisch für die gegenwärtige Debatte, so Walter Hollstein. Sexismus würde nur auf Frauen als Opfer bezogen; die Täter seien ausschließlich Männer.

Die preisgekrönte amerikanische Journalistin Kathleen Parker beschreibt in ihrem neuen Buch „Save the Males", wie verbales Eindreschen auf Männer inzwischen nachgerade zum Volkssport geworden ist. Und Hanna Rosin propagiert in ihrem letzten Buch sogar „Das Ende der Männer".

Die Nobelpreisträgerin Doris Lessing habe diese „Abwertung" energisch beklagt; dabei habe sie die Männer aufgefordert, sich endlich gegen ihre „sinnlose Erniedrigung" zu wehren. „Ich bin zunehmend schockiert über die gedankenlose Abwertung von Männern, die so sehr Teil unserer Kultur geworden ist, dass sie kaum noch wahrgenommen wird", sagte die 81-jährige Autorin einem Bericht des „Guardian" zufolge bei einer Literaturdiskussion in Edinburgh. Die Autorin beklagte eine „denkfaule und heimtückische Kultur", die sich des Feminismus bemächtigt habe und „auf Männer einzudreschen" pflege: „Es ist Zeit, dass wir uns fragen, wer eigentlich diese Frauen sind, die ständig die Männer abwerten. Die dümmsten, ungebildetesten und scheußlichsten Frauen können die herzlichsten, freundlichsten und intelligentesten Männer kritisieren, und niemand sagt was dagegen."

„Da ist Widerstand eine Frage der männlichen Selbstachtung. Auch Empörung, Wut und Korrektur sind mehr als berechtigt, und angesichts der Hasstiraden des ideologischen Feminismus ist es eigentlich befremdlich, dass sie auf Männerseite so moderat ausfallen. Nehmen wir uns ein Beispiel an den Frauen." (Walter Hollstein in einem aktuellen Kommentar)

Das Buch des führenden Männerforschers Prof. Walter Hollstein beschreibt anhand von empirischen Untersuchungen, tiefenpsychologischen Thesen und vielfältigen Erfahrungen die Gegenwart von Männern, ihre Eigenheiten, ihre Probleme, ihre Privilegien und Benachteiligungen, ihre Wünsche und Fantasie.

Das Buch ist bewusst aus männlichem Erleben und Denken geschrieben worden – nicht um zu attackieren, weder das eigene Geschlecht noch das andere, sondern um zu verstehen und besser verstanden zu werden und um Neues zu ermöglichen.

„...es ist auch eine gute Diskussionsgrundlage für das Selbstverständnis von uns Männern. Schon deswegen - und weil es auch für Nichtsozialwissenschaftler gut lesbar geschrieben ist - gehört für mich sein Buch schon jetzt zur Pflichtlektüre eines jeden, der dem Thema „Männlichkeit in unserer Gesellschaft" nachgehen möchte." (Dr. M. Stiehler, Amazon-Rezension)

Lutz Müller

Gottfried Lutz
„Normal behindert"
Situationen – Fragen –
Einsichten – Erfahrungen
Mit einem Vorwort von Konstantin Wecker
und einer Nachlese von Kathrin Asper.
Göppingen: Manuela-Kinzel-Verlag,
110 Seiten, € 10,00
ISBN: 978-3-937367-81-1

Sinnend bleibe ich nach der Lektüre dieses Buches eine Weile sitzen, vor mir ziehen die Erfahrungen meines Freundes und Kollegen Gottfried Lutz vorbei. Erst allmählich merke ich, dass ich traurig bin, dass ich das ganze Buch auf dem Hintergrund dieser Trauer las.

Dabei ist es kein trauriges Buch, Gottfried ist tapfer, mutig, humorvoll, bisweilen sarkastisch, schreibt, ohne zu klagen, und wird nie sentimental. Er legt seine Erfahrung mit angeborener und erworbener Behinderung in geistiger Nüchternheit vor und das beeindruckt. Sein Buch lässt einen auch daran denken, dass der Autor mehr ist als seine Behinderungen: ein liebevoller Ehemann, Familienvater, kluger Theologe und begabter Psychotherapeut.

Doch zurück zum Traurigsein bei der Lektüre: Es war nicht nur die Trauer um meinen verstorbenen Sohn, der eine Behinderung hatte – das natürlich auch – es war die allgemeine Trauer darüber, dass Leben „nicht aufgeht", im Dasein zwei und zwei nicht vier sind, unser Menschsein brüchig ist. Als Motto zum Buch wählte Gottfried ein Zitat von Alfred Hrdlicka: „Mir fällt nichts ein, sondern etwas auf."

Behinderungen sind eng an die Frage „Warum?" geknüpft. Betroffene Angehörige, Mitmenschen, Mediziner und Therapeuten stellen und beantworten sie. Außer dem Mediziner, der eine notwendige Diagnose finden muss, geben andere manchmal haarsträubende Antworten. So meinte ein Psychotherapeut einmal, das Hinken seiner Patientin habe damit zu tun, dass sie keinen Standpunkt einnehmen könne. Eltern tun sich schwer mit dieser Frage. Auch ist es noch nicht so lange her, dass gesellschaftlich die Überzeugung vorherrschte, Behinderung sei eine Strafe Gottes.

Das Wort „Mir fällt nichts ein, sondern etwas auf" ist deshalb erfrischend und bringt Erleichterung. Warum es im Dasein „das" und „das" gibt – und damit meine ich nicht allein Behinderungen – ist doch letztlich nicht schlüssig zu beantworten. Angesichts des unendlichen Leids und der Tatsache, dass das Leben „nicht aufgeht", unsere Absichten dem Geschehen oft zuwiderlaufen, ist es angezeigt, Einfälle zum Warum und Wieso zu sichten, nüchtern zu reflektieren, einzugreifen oder einfach zu lassen und vor allem nicht aufzubauschen.

Gottfried ist, um auf den Ausdruck im Titel „normal behindert" zurückzukommen, ein normaler Mensch geblieben mit seinen Stärken und Schwächen und schenkt den betroffenen und nicht betroffenen Lesern und Leserinnen Einblick in seine Erfahrungen.

Dazu vermittelt er uns eine Haltung gegenüber den körperlichen Bürden, die nicht allein beeindruckt, sondern wahrlich menschlich ist. Im Wissen um die Brüchigkeit unseres Menschseins schrieb Gottfried Lutz dagegen an, das Leben im Griff haben zu wollen. Verankert in einem religiösen Einverständnis mit den Gegebenheiten des Daseins, ist es ihm ein Anliegen, das Auffällige achtsam zu betrachten, mit Humor zu nehmen, Leiden daran und Revolte dagegen auszusprechen, und er hat uns damit ein großes Geschenk gemacht. Wahres Menschsein ist aus Brüchigkeit und Beschränkungen erwachsen und hat in ein erfülltes und erfüllendes Leben gefunden.

Kathrin Asper

Dieter Schnocks
Mit C. G. Jung sich selbst verstehen
Acht Erkenntnisaufgaben auf unserem Individuationsweg

Stuttgart: Kohlhammer, 2013, 160 Seiten,
ISBN: 978-3-17-021335-7, € 24,00

Das Rote Buch, ein riesiges nachgelassenes Werk C.G. Jungs, ist in Wort und Bild ein in die Tiefe des Unbewussten gehendes Tagebuch, das Erkenntnisse im Umgang mit dem eigenen Denken und Fühlen, mit bewussten und unbewussten Intentionen beschreibt. Eines der anrührendsten Bilder, das gleichzeitig das Anliegen der Jungschen Psychologie spiegelt, ist das der „Nachtmeerfahrt". Dieser Ausdruck eines symbolisch zu verstehenden Selbsterkenntnisprozesses bezieht sich auf die Weisheitslehre der Alten Ägypter, die sehr wohl um Gefahren und Chancen eines solchen Unterfangens wussten.

Dass Dieter Schnocks dieses Bild für das Cover seines Buches wählte, unterstreicht, dass Streben nach Erkenntnis immer auch die Konfrontation mit der Zwiespältigkeit unserer menschlichen Natur in sich schließt. Angst und Verunsicherung, die einen solchen Weg begleitet, hält Jung in der Überschrift zu diesem Bild fest: *Ein Wort, das nie gesprochen ward, ein Licht, das noch nie leuchtete, eine Verwirrung sondergleichen und eine Straße ohne Ende.*

Das Buch umreißt bereits über das Geleitwort von Dr. Theodor Seifert und die sorgfältige Einführung des Autors das weite Feld der Analytischen Psychologie. Es ist als psychologisches Angebot zu verstehen, gleichermaßen Orientierung zu geben in der therapeutischen Behandlung von seelischen Erkrankungen, als auch der Möglichkeit, sich selbst zu verstehen. Damit werden in der Darstellung von Dieter Schnocks Impulse gegeben, sich auf einen inneren Entwicklungsweg zu begeben, der dem eigenen Leben und Erleben eine neue Dimension vermitteln kann.

Das große Verdienst des Autors ist es, im ersten Teil des Buches die Fülle des Materials, die vielfältigen Anregungen die C. G. Jung gegeben hat, in einer übersichtlichen Struktur anzubieten. Dieser erste theoretische Teil versucht in seiner übersichtlichen Darstellung und einer klaren, auch für Laien gut verständlichen Sprache die verschiedenen Bereiche in ihrer Dynamik verständlich zu machen.

Zunächst widmet sich Dieter Schnocks dem Individuationskonzept, als einem zentralen Anliegen der Analytischen Psychologie. Der Gedanke folgt der Tradition der antiken Einweihungsmysterien, die als zentrale Botschaft im Tempel von Delphi zu lesen war: „Erkenne dich selbst." Das sagt sich so leicht und ist eigentlich ein lebenslanges Bemühen, das in der Regel erst in der 2. Lebenshälfte zu einem sinnstiftenden Impuls für die weitere Lebensführung werden kann. Hierbei muss ich lernen zu unterscheiden, ob ich nach einem einst erlebten erzieherischen Prinzip des „Soll-Seins" mein Selbstbild entwickelt habe oder ob ich bereit bin, mich in meinem „So-Sein" zu sehen.

Schnocks bietet verschiedene Perspektiven an, um die eigene Wahrheit zu finden. Das bedeutet, bereit zu sein, sich selbst als Kunstwerk zu sehen und an der eigenen Weiterentwicklung schöpferisch zu arbeiten. In diesem Prozess werde ich herausgefordert, die vielen Facetten der eigenen Persönlichkeit auf bewusster und unbewusster Ebene wahrzunehmen, um sie dann in die bewusste Lebensführung zu integrieren.

Das wiederum macht erst Beziehungsfähigkeit zum Du möglich und ist einerseits Voraussetzung Bindungen einzugehen, andererseits die Entwicklungsaufgaben in den einzelnen Lebensphasen adäquat zu lösen.

Ein zweites zentrales Anliegen des Autors ist die Darstellung der Konzepte der Analytischen Psychologie, sowie der Versuch, den Aufbau der Psyche transparent zu machen. Er schildert das Spannungsfeld von kollektivem und individuellem Bewusstsein, welches, wenn keine angemessenen Lösungen gefunden werden, nicht selten zu eine neurotischen Erkrankungen führt.

Des Weiteren erläutert er den Begriff der Persona, der, aus dem Griechischen kommend, ein Synonym für die Maske ist, die wir tragen, um uns bestmöglich ins Kollektiv einzupassen. Es ist die Haltung, mit der wir glauben, den Ansprüchen der Umwelt, die nicht selten auch der persönlichen Überzeugung entsprechen, gerecht zu werden. Genau damit gehen wir aber an unserem eigenen individuellen Sein vorbei.

Im nächsten Schritt setzt sich der Autor mit den Begriffen des persönlichen und kollektiven Unbewussten auseinander. Das persönliche Unbewusste mit den sogenannten Schattenaspekten, den ungeliebten, nicht akzeptierten Eigenschaften und Haltungen knüpft an die Theorie von Sigmund Freud an. Jung hat den Bereich des kollektiven Unbewussten hinzugefügt, der alle Menschen verbindet. Die dort wirkenden allgemeinmenschlichen Kräfte spiegeln sich in Mythen und Märchen ebenso wie in Träumen und verankern die Individualität im kollektiven Menschsein, eine ermutigende und stützende Gewissheit. Es sind die sogenannten Archetypen als Personen oder Empfindungen, Urbilder, die in Gestalt zum Beispiel des „Alten Weisen“, „der Großen Mutter“ des „Göttlichen Kindes“ erlebbar werden.

Und schließlich beschreibt Schnocks das Wesen des Selbst-Begriffes aus der Sicht der Analytische Psychologie. Das Selbst als innerster Kern unseres menschlichen Entwurfes nähert sich als Bild der platonischen Ideenlehre.

Der weitere Abschnitt ist dem Begriff der Libido gewidmet mit dem lautmalenden Titel: „Was treibt mich an“. Im Gegensatz zur psychoanalytischen Theorie, in der der Libidobegriff auf die Sexualität konzentriert bleibt, versteht Jung darunter die Dynamik der gesamten psychischen Energie, was häufig nur in der Gegensatzspannung nachvollziehbar wird. Wenn wir unser Leben jenseits der Lebensmitte betrachten, so wendet sich der Blick einerseits kausal erklärend rückwärts. Zu gleichen Teilen ermuntert Jung dazu, eine finale Perspektive einzunehmen, was wiederum in der Frage nach dem Sinn des ganz persönlichen Seins gipfelt.

Der Autor beschreibt sehr schlüssig die Polarität der Libido in den Begriffen der Progression und Regression, der Möglichkeit extravertiert (objektgerichtet) oder introvertiert (subjektgerichtet) mit dem eigenen Erleben umzugehen. Anschließend wird das Moment der Selbstregulierung und – wiederum ein typisch jungscher Ansatz – das Phänomen der selbstheilenden Kräfte der Psyche beschrieben. Hierzu gehört auch ihre Fähigkeit, über Kompensation ein inneres Gleichgewicht herzustellen. Bewusste einseitige Einstellungen werden zum Beispiel in Träumen über die kompensatorisch auftretende Gegenposition bewusst gemacht, sodass sich die Chance zur Korrektur dieser Einseitigkeit ergibt.

Eine weitere wichtige Position stellt die von Schnocks ausführlich dargestellte Symbolpsychologie dar. Es ist in vieler Hinsicht ein Herzstück der Analytische Psychologie weil das Symbol die Sprache der Archetypen ist. Symbole sind vieldeutig, ihre Sprache zu verstehen und sie auf die Individualität der eigenen Person zu übertragen, kann wichtige Schritte der Selbsterfahrung erlauben. Hinsichtlich psychosomatischer Erkrankungen kann der Blick auf die Symbolik des Symptoms einen Selbstheilungsprozess anregen. Der Autor berührt in seiner umfassenden und gleichzeitig klaren Erörterung auch das Selbst, das sich in der Regel nur über ein Symbol dem Suchenden erschließt.

Die Fülle des Materials, das Dieter Schnocks in seinen Hinweisen zum Verständnis der Symbolik anklingen lässt, könnte ein ganzes Buch füllen, es sei an diesem Punkt neugierig gemacht, sich mit diesem Bilderreichtum selbst auseinanderzusetzen. Mythen und Märchen unterstützen diesen Prozess, weil sich ihr Gehalt einer wegweisenden Lebenshilfe nur dem symbolischen Sprachverständnis erschließt.

Ein letzter Punkt im ersten Teil des Buches ist den Methoden der Analytischen Psychologie gewidmet. Wie Freud schon sagte, ist der Traum die via regia zum Unbewussten. Schnocks beschreibt sehr differenziert die Jungsche Methode der Traumdeutung, die nicht nur die Objektstufe, sondern vor allem auch die Subjektstufe berücksichtigt. Das bedeutet, dass alles Geträumte aus dieser Perspektive ein Teilaspekt der eigenen Persönlichkeit darstellt. Die Großtante Anna zum Beispiel ist nicht nur eine außen stehende Person, sondern deren Eigenschaften, die der Träumer als ihr Charakteristikum nennt, sind eigene Eigenschaften, die man je nachdem in den Schatten verdrängt hat.

Als weitere wichtige Methode wird die Aktive Imagination beschrieben. Diese Methode erlaubt ein Eintauchen in die eigene Bilderwelt, die sich in einer anfangs geführten, später freien Assoziation offenbart und klärende und heilende Aspekte in sich vereint.

Im Sandspiel schließlich wird über Symbolfiguren Konfliktmaterial offenbar. Gleichzeitig erlaubt die freie Gestaltung auch Lösungsimpulse aus dem Unbewussten wodurch häufig ein staunendes Erkennen möglich ist. Das therapeutische Sandspiel, wie auch das unbewusste Malen als weitere Methode, reduziert eine einseitige rationale Perspektive. Die emotionsgeladenen Darstellungen sind wie ein Spiegel, der auf neue Dimensionen der Persönlichkeit hinweist.

Des Weiteren geht Dieter Schnocks auf die Therapie von Erwachsenen, Kindern und Jugendlichen ein. Gerade auch hier betont er den hohen Stellenwert einer Symbolkenntnis, die zusätzlich den Bereich Form, Farbe und Zahl einschließt.

Gruppentherapie war nicht primäres Anliegen von Jung, da er den Akzent auf den Individuationsprozess als Einzelerfahrung legte. Hier haben sich inzwischen viele Weiterentwicklungen etabliert, die das Jungschen Gedankengut mit einem dynamischen Gruppengeschehen verbinden. Schnocks weist in diesem Zusammenhang auf die zahlreichen Traumgruppen hin, die diesem Ansatz folgen.

Ein wesentliches Moment der Analytischen Psychologie ist der Umgang mit den Funktionen. Auch dieses Kapitel, das viele Jungianer für schwierig halten, beschreibt der Autor sehr einleuchtend und gut verständlich. So wird nachvollziehbar, wie die einseitige Dominanz einer Funktion die Psyche früher oder später ins Ungleichgewicht bringt und dann zur Ursache einer psychischen Erkrankung werden kann.

Im zweiten Teil des Buches wird die Theorie in die Praxis übertragen. Anhand von acht Fragen vertieft der Autor die Theorie und macht sie über viele praktische Beispiele lebendig. Die acht Fragen ermuntern zum kritischen Dialog mit sich selbst.

Die erste stellt die Frage nach der eigenen Identität, umkreist nochmals den Begriff der Persona und der dominanten Funktion als Ausdruck der Einstellung zur Welt, verbunden mit Überlegungen, die den eigenen Wert hinterfragen.

Mit der zweiten Frage werden die ungeliebten Schattenseiten unter dem Aspekt „was verberge ich" (vor mir selbst) umkreist.

Weiter geht es in der dritten Frage darum, was in der Selbstreflexion gelernt wurde. In der Regel handelt es sich um komplexhaft aufgeladene Glaubenssätze, zumeist als Folge frühkindlicher Prägungen, die neu bewertet werden wollen.

Schließlich wirft Schnocks mit der vierten Frage den Umgang mit den Archetypen auf. Welche Archetypen bestimmen in ihrer symbolisch zu verstehenden Qualität in positiver oder negativer Form die eigene Entwicklung?

In der fünften Frage geht es nochmals um den inneren Antrieb. Verhalte ich mich extravertiert oder introvertiert. Kann ich beiden Einstellungen je nach Erfordernis gerecht werden? Wie gehe ich darüber hinaus mit den eigenen libidinösen Kräften um? Wage ich progressiv Neues zu erleben, oder ziehe ich mich ausschließlich auf Vertrautes in immer gleicher Wiederholung regressiv zurück?

Eine weitergehende Herausforderung bedeutet der Inhalt der sechsten Frage. Hier fordert der Autor den Leser auf, sich darüber Gedanken zu machen, auf welche Weise sich die eigene Psyche reguliert. Projiziere ich meine ungelösten Probleme über eine Sündenbockstrategie auf andere? Wie gehe ich mit meinem eigenen Potenzial um, wuchere ich sozusagen mit meinen Pfunden oder vergrabe ich sie in geistig-selischer Trägheit?

Die siebte Frage umfasst das Thema Lebenssinn. Individuation heißt in diesem Zusammenhang, den eigenen für den jeweiligen Lebensabschnitt stimmigen Sinn zu entdecken und zu leben.

Dann nähert man sich der Lösung der achten Frage an, die den Weg vom Ich zum eigenen Selbst sucht: Wer bin ich in meinem Ich- und meinem Selbst-Bewusstsein. Hier weist Schnocks auf die archetypisch allen Menschen innewohnende transzendente Funktion hin. Es ist eine Dynamik, die eine urmenschliche Sehnsucht meint und uns über unsere engen menschlichen Grenzen hinweg an das Göttliche anbindet.

Insgesamt hat Dieter Schnocks in Form und Inhalt ein tiefgründiges und gleichzeitig leicht zu lesendes Buch geschrieben, das einen gut verständlichen Einblick in die Fülle der Analytischen Psychologie gibt.

Wichtig ist ihm offensichtlich, dass C. G. Jung nicht nur als einer der großen Pioniere der Psychotherapie zu verstehen ist, sondern dass er mit seiner Psychologie eine Lebenshilfe für jedermann und jedefrau anbietet und den Reifungsweg des Menschen durch das ganze Leben fördern will. Dieter Schnocks ist es gelungen, auch schwierige Aspekte der Analytischen Psychologie transparent zu machen und auf eine Vertiefung in Selbsterfahrung einzustimmen.

Ein kompaktes, kompetentes, von Begeisterung getragenes Buch, das einen warmherzigen Therapeuten und Vertreter der Analytischen Psychologie verrät. Es ist dem Buch ein weiter Leserkreis zu wünschen.

Christiane Lutz

Michael Titze
Die heilende Kraft des Lachens
Mit Therapeutischem Humor frühe
Beschämungen heilen
München: Kösel 2007, 368 Seiten,
ISBN: 978-3466303908, € 21,95

Dieser Klassiker zum Thema Gelotologie (Wissenschaft vom Lachen) erschien bereits in der 6. Auflage. Er stellt einen wichtigen Beitrag zu dem weit verbreiteten Phänomen der Scham, der Auswirkung von beschämenden Erfahrungen und deren Behandlung dar.

Anhand der Leidensgeschichte von „Docht", einem jungen Patienten in der Psychiatrie und vielen anderen Beispielen aus der Praxis, zeigt der Autor auf, wie frühe Beschämungen entstehen („Docht" heißt auch der dürre, schmächtige Junge in der Geschichte von Pinocchio, dem hölzernen Hampelmann, die in diesem Buch gedeutet wird).

Der junge Patient wurde als Kind von seinen Eltern abgelehnt, verhöhnt und gekränkt. Er durfte nicht sein, wie er ist, musste sich ständig verbiegen, um überhaupt Anerkennung zu finden. Die unnahbare Mutter hatte es geschafft, ihm die Lebensfreude und den Lebensmut zu nehmen. Sie wollte das Kind besitzen. Sie wollte ein Kind, das ohne sie nicht lebensfähig war. Der Junge war immer böse und schuldig, damit sie sich gut fühlen konnte. Der Vater war an dem Sohn nicht interessiert, er lebte für seine Arbeit.

Nach vielen Demütigungen hatte Docht aufgehört, an seine Lebensberechtigung zu glauben, er fühlte sich wertlos und verlor seine

Selbstachtung. Der Absturz kam dann zu Beginn seines Studiums in einer anderen Stadt. Er konnte sein Zimmer nicht mehr verlassen, magerte immer mehr ab, verwahrloste und erstarrte. Das brachte ihn schließlich in die Psychiatrie, wo Dr. Titze sich zunächst erfolglos bemühte, Kontakt mit ihm aufzunehmen. Der Durchbruch kam, als dem Autoren ein Malheur passierte und Docht lauthals anfing zu lachen.

Der zweite Teil des Buches widmet sich dem Thema „Therapeutischer Humor" und der „Gelotophobie", der Angst vor dem Ausgelachtwerden. Dr. Titze wendet den Therapeutischen Humor vor allem in Gruppentherapien an. Die Teilnehmer dürfen so sein, wie sie als Kind nicht sein durften, laut, frech, aggressiv und ernten dafür Applaus, keinen Tadel! Mit dem „Mut zur Lächerlichkeit" wird die Lebensfreude befreit.

Im Anhang fasst Michael Titze dann einige wichtige Elemente des von W. A. Salameh entwickelten „Humor Immersion Trainings" zusammen, das Anregungen dafür bieten will, die eigene Humorfähigkeit zu entwickeln. Dazu gehört z. B. der Aufbau eines humorvollen Freundeskreis, die Kultivierung des Humors durch entsprechende Bücher und Sendungen in den Medien, das innere Kind beleben, sich mit eigenen Schattenseiten anfreunden und lustig machen, ein „Humor-Mantra" entwickeln, Karikaturen zeichnen usw.

Fazit: Das Buch ist sehr menschenfreundlich, tröstend und ermutigend und sollte nicht nur von Fachleuten, sondern vor allem von Betroffenen gelesen werden. Jeder wird sich in dem Buch wieder finden, da wir als Kind oder Jugendlicher fast alle erlebt haben, verspottet, beschämt oder ausgelacht zu werden. Das Buch ermöglicht uns ein tieferes Verstehen und Versöhnen mit unseren Schamerfahrungen und weckt Hoffnung und Freude, aus den damit verbundenen Verwundungen und Hemmungen durch Humor wieder herauszufinden.

Marita Schneider

Barbara Wild (Hrsg.)
Humor in Psychiatrie und Psychotherapie
Neurobiologie - Methoden - Praxis
Geleitwort: Otto F. Kernberg
Stuttgart: Schattauer 2011, 324 Seiten,
ISBN: 978-3-7945-2796-0, € 39,95

Das Buch gibt unter Mitarbeit von renommierten Humorforschern in 19 Kapiteln einen Überblick über den derzeitigen Stand der Forschung zum Thema „Humor in Psychiatrie und Psychotherapie". Dieser kann hier natürlich nicht zusammengefasst werden, sodass ich mich mit einigen kurzen Streiflichtern in die einzelnen Kapitel begnügen muss.

Das Buch beginnt mit einem Geleitwort des Psychoanalytikers Otto F. Kernberg, der einige grundlegende psychoanalytische Thesen zum Witz skizziert und anhand eines Witzes auch illustriert (siehe auch Editorial in diesem Heft). Willibald Ruch führt in die Thematik „Was ist Humor?" ein und zeigt, welche Beziehung es zwischen Humor und Charakterstärke gibt.

Barbara Wild weist dann nach, dass es erstaunlich präzise Zuordnungen im Gehirn in Bezug auf aktivierte Gebiete beim Erstaunen über Inkongruenz, beim Erkennen der Pointe, bei der emotionalen Beurteilung, bei der Erheiterung und bei der Aktivierung der Gesichtsmuskeln gibt (vgl ihren Aufsatz in diesem Heft

In einem weiteren Aufsatz von ihr werden Möglichkeiten und Grenzen von Humor bei Depression, Burn-out, Schizophrenie, Angst, Demenz, Autismus dargestellt.

Alexander Rapp und Dorothee Mutschler beschäftigen sich mit dem Thema Ironie.

Ironische Bemerkungen werden in der Therapie oft missverstanden und als verletzend fehlinterpretiert. Daher der Merksatz: „Humor ja, Ironie besser nicht."

Reinhard Lempp, inzwischen leider verstorben, stellt subtile Überlegungen zu den Bedingungen für Humor in der Behandlung von Kindern und Jugendlichen an, wobei auch die jeweils vorliegende Psychopathologie berücksichtigt werden müsse.

„Im Alter kann ich wieder kindlich sein", sagte eine Teilnehmerin einer Humorgruppe. Sehr sympathisch war mir die Darstellung der Humorwerkstatt mit alten Menschen des Autors Beat Hänni: das „Einheitern" durch spielerische Aktionen, die Schmunzelrunde mit Anekdoten oder gegenseitigen Erzählungen lustiger Erlebnisse und die glücklichen Fenster des Lebens (ein Einstieg in die unbeschwerten Kindheits- und Jugendjahre). Humor altert nicht!

Für Verena Kast ist der Humor von Analysanden eine wichitge kreative Leistung. Sie freut sich über Humor in der Therapie, vor allem dann, wenn Patienten lernen, mit einer schambesetzten Situation besser umzugehen. Sie beobachtet jedoch auch häufig, dass Humor als Abwehrstrategie verwendet wird, Gefühle von Angst und Verzweiflung werden dann abgewehrt. Sie spricht dies in der Therapie an und ermöglicht somit den Patienten eine bessere Selbstwahrnehmung.

Der Witz sei die „sozialste aller auf Lustgewinn zielenden seelischen Leistungen", zitiert Josef Shaked S. Freud in seiner Darstellung der Beziehung der Psychoanalyse zum Witz. Außerdem sei der Witz ökonomisch; er erspare Erklärungsarbeit und mache dabei auch noch Spaß.

Ulrich Sachsse berichtet über seine Arbeit mit Frauen, die in ihrer Kindheit und Jugend schwerer Ausbeutung, Vernachlässigung oder Gewalt ausgesetzt waren und dadurch psychisch erkrankten. Überraschenderweise verfügten diese Frauen oft über einen sehr feinen, auch bissigen Galgenhumor oder schwarzen Humor. Wer lache, sei in einer Obenauf-Position, nicht nur Opfer eines unerträglichen Schicksals.

Gerhard Buchkremer und Stefan Buchkremer beleuchten Aspekte des Humors in der Verhaltenstherapie. Eine Verhaltenstherapie wirke umso besser, je mehr Ebenen des Verhaltens einbezogen würden, so auch das Lachen. Durch Lachen nehme das physiologische Erregungsniveau ab, Stress werde reduziert, dadurch wirke es psychisch gestörtem Verhalten entgegen und emotional befreiend. Auf der imaginativen Ebene könnten Patienten mit Phobien in Karikaturen ihr katastrophierendes Denken wieder finden und darüber schmunzeln.

In Ihrem Aufsatz: „Überzeichnungen - Humor in der Kunsttherapie" zeigt Doris Titze, wie sich humorvolle Situationen auch in der Kunsttherapie ergeben könnten. Es gebe zwar keine direkte humorvolle kunsttherapeutische Methode und die Therapie sei so humorvoll wie der Therapeut, aber die Arbeit mit Bildern, Comics, Karikaturen oder Emoticons könnten innere Prozesse verdeutlichen und ermöglichten einen Perspektivenwechsel.

In der Provokativen Therapie, so E. Noni Höfner, werden die Wachstumsbremsen und Ängste des Klienten aufs Korn genommen und karikiert, damit der Klient darüber lachen kann. Damit wird der Bann gebrochen, denn Ängste und befreites Lachen sind nicht kompatibel. Weil die unerwartete Intervention des Anwenders stark wie ein Lastwagen sein könne, verwendet sie als Kurzform für die Vorgehensweise im Provokativen Stil gern die Buchstaben LKW: Liebevolles Karrikieren der Wachstumsbremsen. Basis für ein provokatives Vorgehen sei die Wertschätzung des Klienten und das Vertrauen auf dessen Fähigkeit, sein Leben selbstständig in die Hand zu nehmen.

Die Hypnotherapie nach Milton Erickson mit Weiterentwicklungen der Systemischen Therapie ergibt den Hypnosystemischen Ansatz, den Peter Hain an einem Fallbeispiel verdeutlicht: Eine Klientin mit einer Hundephobie kommt in die Praxis. Sie berichtet, dass vor allem auf ihrem Weg von der Wohnung zur Straßenbahn besonders viele Vierbeiner auf sie lauern. Der Therapeut vermutet, dass dort tatsächlich viele Hunde sind, die wegen der Klientin kommen … Die Angst der Klientin wird für diese Hunde zum Höhepunkt des Tages! Die Klientin lacht und sucht trotzdem einen Ausweg. Der Therapeut zögert und meint schließlich, dass die einzige Möglichkeit, sich besser zu fühlen und die armen Hunde nicht leiden zu lassen, wäre, die Angst zu spielen! Die Klientin berichtet später, nicht nur ihre Angst, auch die Hunde hätten sich verändert, sie nehme ihren Auftrag den Hunden gegenüber aber trotzdem ernst!

Das 7-Humor-Habits-Trainingsprogramm (7HHP), das Paul McGhee vor dem Hintergrund der „Positiven Psychologie" darstellt, sollte ursprünglich Durchschnittsmenschen helfen, Humor im Alltagsstress anzuwenden. Nach bisherigen Ergebnissen könnte das Programm auch ein effektives Mittel zur Unterstützung in Therapien sein.

Irina Falkenberg berichtet von einer Studie, in der das vorgenannte Trainingsprogramm mit psychiatrischen Patienten eingesetzt wurde. Bei den Patienten mit majorer Depression wurde nach den Sitzungen eine Zunahme von Heiterkeit sowie eine Abnahme von Ernsthaftigkeit und schlechter Laune beobachtet.

Der Beitrag von Rolf D. Hirsch regt Helfer dazu an, mit Humor Kranke und Pflegebedürftige dazu zu bringen, ihre Belastungen und Beschwerden nicht „todernst" zu nehmen.

Micheal Titze stellt Aspekte und Erfahrungen des „Lachyoga" und der „Lachmeditation" dar. In solchen Lachgruppen steht das „grundlose" Lachen im Vordergrund. Der Mensch soll über die Verbesserung und Vertiefung seiner Atmung, durch Körperbewegungen und spezielle Übungen zum Lachen kommen. Ein anfangs künstliches Lachen geht dann in echtes Lachen übergehen. Über den Augenkontakt und spielerische Elemente soll es den Menschen erleichtert werden, vom zunächst willentlichen in das freie Lachen und in einen Zustand kindlicher Verspieltheit zu gelangen. „Tu so als ob, bis es echt wird" ist eine praktische Anleitung in den Übungsstunden.

Christel Ruckgaber zeigt in ihrem Aufsatz „Das Glück des Stolperns" wie professionelle Clowns in Kinderkliniken und Pflegeheimen hilfeich sein können. Auch schwerste Erkrankungen können durch das Spiel des Clowns anders wahrgenommen werden.

Das Buch wird stimmig abgeschlossen mit dem Beitrag von Eckart von Hirschhausen „Leicht ist schwer – Ein paar Grundideen", der auch in diesem Heft abgedruckt ist. Der Infotainer liefert die kürzeste Definition von Humor: „Humor ist Tragik + Zeit! Eines Tages werden wir eh darüber lachen – also wie lange willst du warten?"

Das frage ich mich auch nach der Lektüre des Buches und fühlte mich sehr motiviert, dem Lachen und dem Humor wieder mehr Raum in meinem Leben zu schenken.

Marita Schneider

Irvin D. Yalom
Das Spinoza-Problem
München: btb 2012
Roman, 480 Seiten,
ISBN-13: 978-3442752850, € 22,99

Irvin D. Yalom hat nach „Die rote Couch", „Als Nietzsche weinte", „Die Schopenhauer-Kur" und vielen anderen Fachbüchern und auch Romanen nun 81-jährig einen Roman vorgelegt, der sich ebenfalls mit den philosophischen Ursprüngen psychoanalytischer Theoriebildung befasst. Wie sich die Geschichte von Ideen in innigster Verschränkung mit den Schicksalen seiner Stifter und Formulierer ergibt, wird dadurch verdeutlicht, dass Yalom zwei Leben, das des Philosophen Spinoza und das des NS-Ideologen Alfred Rosenberg, gegenüberstellt und dabei sowohl den Erfolg Spinozas in der Bewältigung seiner eigenen Leidenschaften, wie sie sich nach seinem Ausschluss aus der jüdischen Gemeinde in ihm aufgebaut haben müssen, feiert und gleichzeitig Rosenbergs tragische Verstrickung in seiner auf vermeintlichen Vernunftschlüssen aufbauenden antisemitischen Ideologie zur Darstellung bringt.

Gemeinsames psychologisches Thema beider Protagonisten ist deren Auseinandersetzung mit den narzisstischen Themen des Kampfes um Anerkennung, des sozialen Rückzugs, der Kränkungsverarbeitung. Als Ursprung macht der Autor die kindlichen Deprivationen beider verantwortlich. Yalom zeigt, wie dies in benigner Form zur Kreativität führen kann, aber in maligner Ausprägung jemanden zum Vordenker und ausführenden Organ einer menschenverachtenden Diktatur machen kann. Er zeigt, wie unser Denken einmal Hilfe zur Selbsterkenntnis und auch zur Erreichung philosophischer, weiser Einsicht und Erkenntnis sein kann, wie es aber auch in Kompensation eines schwachen Selbstwertgefühls hypertrophieren, sich dann von seinen menschlichen Bezügen abkoppeln kann.

Der Roman pendelt im Aufbau immer zwischen zehn Jahren aus dem 17. Jh. Spinozas und 35 Jahren aus dem Leben von Rosenberg hin und her, diese Form macht ihn zu einer insgesamt recht kurzweiligen und interessanten Lektüre. Die von Yalom erfundene Haltung des Nazis Rosenbergs zum Juden Spinoza, die zwischen Fasziniertsein und Abgestoßensein hin und her pendelt, ist hingegen eine Konstruktion des Autors.

Gerade hieraus ergibt sich jedoch eine spannende Fiktion, da sie inhaltlich Kontraste und Gegensätze benennt und zur Darstellung bringt, die im Sinn des jungschen Schattenkonzepts auch zusammengehören. Worin das „Spinoza-Problem" bestanden haben könnte, dazu entfaltet der Roman nach und nach einige Hypothesen, die dann quasi nebenbei die geistige Welt des zu seinen Lebzeiten im 17. Jahrhundert geächteten niederländischen Juden Spinoza vor uns ausbreitet.

Spinoza und Rosenberg werden als einsame Menschen geschildert, die ganz unterschiedlich damit umgehen, dass sie sich durch ihre Theorielastigkeit oder die Darstellung ihrer Theorien von ihrer nächsten Umgebung sehr viel Ausgrenzung und Ablehnung einhandeln. Dabei ist es Spinoza, der von seiner jüdischen Gemeinde verstoßen wird, da er grundlegende Glaubenssätze infrage stellt und somit die vorhandenen Autoritäten und Strukturen gefährdet und Rosenberg, der sich unfreiwillig-freiwillig benutzen lässt von in seiner Meinung primitiven Menschen, die die komplizierte Rechtfertigung seines eigenen Rassenwahns nicht begreifen und schlicht nicht benötigen, um zu töten. Er hingegen benötigt die Anderen, was ihm seine Abhängigkeit schmerzlich bewusst macht, was in ihm aber nur neuen Hass entfacht.

Die überraschende Verschränkung beider Lebensläufe wird dadurch erzielt, dass Yalom Rosenberg als einen von Spinozas Denken angezogenen und gleichzeitig ihn als Jude und erfolgreicheren Denker hassenden darstellt. Hintergrund ist folgende Begebenheit: Der reale Alfred Rosenberg hat 1942 als Leiter eines Einsatzkommandos zum Raub von Kunst und Büchern in den damals besetzten Gebieten auch das Kommando zur Beschlagnahme der Bibliothek Spinozas im holländischen Rijnsburg gegeben. Der Titel des Buches rekurriert darauf, dass Rosenberg ein besonderes Interesse für Spinoza gehabt haben muss. Welches dieses gewesen sein könnte, darüber spekuliert der Roman.

Einmal ist es der über Grenzen hinwegdenkende Ausgegrenzte in Person von Spinoza, einmal der ausgegrenzte Ausgrenzer Rosenberg, der eine sucht die Überwindung von Hass und Unzulänglichkeit durch die Bindung an etwas ewig Währendes, Göttliches, aber im Menschen Immanentes, der Andere sucht es durch die Ausgrenzung und Vernichtung derjenigen, auf die er das Bild seiner eigenen Beschmutztheit und Unzulänglichkeit projiziert hat.

Yalom berührt, ohne dies explizit zu benennen, die Gefahr der Inflationierung des menschlichen Geistes, wenn er nach Überwindung von bisher Bekanntem strebt. Sich das Streben nach Klarheit und Perfektion nur als Ergebnis der Frustration zweier Männer zu denken, wäre aber zu einfach. Sich deren Ideen als Ergebnis des Versuches einer Selbsttröstung vorzustellen, sicher auch.

Beiden Protagonisten nun gesellt Yalom zwei erdachte psychoanalytisch denkende Berater oder Mentoren bei, die einmal dazu beitragen, dass dem holländischen Philosophen die menschliche Perspektive erhalten bleibt, auch indem er eben in der Lage ist, einige wenige Freundschaften zu pflegen, im Fall von Rosenberg hingegen scheitern die Versuche von Friedrich Pfister, einem Arzt, sich Rosenbergs Seele zu nähern. Dieser muss seine panische Angst mit Hasstiraden und Projektionen abwehren.

In den allzu deutlich mit dem Ziel der Darstellung psychoanalytischer Ideale konstruierten psychotherapeutischen Begegnungen liegt eher eine Schwäche des Buchs: Yalom schildert zwar anschaulich und manchmal bemüht das Lebensumfeld, vor allem auch die innere Welt seiner Helden, wie sie sich ihm, so der Autor im Epilog, mithilfe der empathischen Einfühlung erschlossen habe. Dabei wirken gerade die Dialoge mit berühmten und berüchtigten Zeitgenossen (Hitler) vielleicht manchmal etwas zu sehr dem verhaftet, was sich aus der sorgfältigen Recherche Yaloms erschlossen hat. Allzu oft wirken die Figuren dann etwas instrumentalisiert, es wirkt, als sollten sie etwas sagen, was ihre realen Vorbilder in anderem Zusammenhang gesagt oder geschrieben haben. Dabei ist auch die Zielrichtung des Einsatzes dieses Stilmittels oft allzu offensichtlich, sodass nur kleinere Spannungsbögen entstehen können. Vieles wirkt so vorhersehbar und nach nur kurzer Zeit sehen wir uns in unseren Erwartungen bestätigt.

Es ist schade, dass Yaloms Romane in der Übersetzung von ihrer im Englischen deutlich spürbareren Inspiration von ihrer „Seele" einbüßen, was natürlich vor allem bei der vorliegenden Thematik enttäuscht. Ärgerlich, wohl eher aus der Sicht der jungschen Analytiker, ist, dass Yalom in seinen Gedanken, wie er sie auch durch Spinoza und dem Analytiker-Alter-Ego „Friedrich Pfister" zum Ausdruck kommen lässt, vieles von dem aufgreift, was auch Jung beschäftigt hat.

Yalom bezieht sich aber immer auf Psychoanalytisches, was oft recht orthodox wirkt. Manchmal möchte man aus der Perspektive des Fachmanns geraten haben, dass er die analytischen Ideale der Neutralität, der Abstinenz, der Übertragungsanalyse weniger idealtypisch darstellt, als hier geschehen. Aber Yalom will nach eigener Bekundung auch nur den Stand der Psychotherapie in den Zwanziger Jahren des vergangenen Jahrhunderts wiedergeben. Begrüßenswert ist in jedem Fall, dass psychoanalytisches Denken auf diese Weise in einem unterhaltsamen Roman „unter die Leute" gebracht wird. Wer sich jedoch schon länger damit befasst und den aktuellen Stand der Debatten in der psychoanalytischen „Community" verfolgt, dem wird manches etwas altbacken anmuten und manchen könnten seine Formulierungen vielleicht sogar in seinen Vorurteilen gegenüber der Psychoanalyse bestätigen.

Dennoch: Es geht es im „Spinoza-Problem" um Grundlegendes, auch um die unauflösbare Spannung zwischen dem Wunsch, Weisheit und Distanz durch Wissen und Erkenntnis zu erlangen und der Sehnsucht, sich mit Menschen zu verbinden, von ihnen gesehen und anerkannt, ja geliebt zu werden. Yalom zitiert Spinoza aus seinen Schriften „Ethik" und dem „Theologisch-politischen Traktat" mit seinen Ideen darüber, dass man Leidenschaften leidenschaftslos untersuchen könne, dass Verstehen zu Transzendenz führe und dass Ideen, Gedanken und Gefühle von vorangegangenen Erfahrungen hervorgerufen würden und stellt diese als Vorläufer psychoanalytischer Grunderkenntnisse dar.

Für jungsche Therapeuten und an Jung Interessierte ist diese Perspektive schnell zu eng. Interessant die Frage, welche archetypischen Kräfte in Spinoza und Rosenberg wirksam waren und was die Suche nach einer geistigen Wahrheit eigentlich zu bedeuten hat. Dass Erkenntnis und Bewusstsein nicht nur gegen, sondern immer auch nur mit den unbewussten Wahrheiten erreicht werden kann, ist eine eher implizite Weisheit des vorgestellten Romans. Vieles daran ist uns von Jung bekannt.

Die implizite Konzentration auf das Schicksal der Einzelnen wird zwar immer wieder durch die sich im Hintergrund abspielenden sozialen, kulturellen und gesellschaftlichen Kontextvariablen relativiert. Dennoch wird durch dieses Stilmittel der Eindruck erweckt, als wären es vor allem die persönlichen Faktoren und nicht auch die manchmal unausweichlich erscheinende Rolle von Einzelnen im Kollektiv, die großen prägenden Einfluss auf deren Leben zu haben scheint. Nur indirekt wird deutlich, dass beide Protagonisten letztlich auch nur in ihren zeitgeschichtlichen Bezügen das haben werden können, was sie dann waren. Auch die mit Fantasie angereicherten Lebensgeschichten selbst bringen nur zur Darstellung, was anderenorts nur in theoretischer Hinsicht verfasst ist, inklusive der sich daraus ergebenden Widersprüche und Absurditäten.

Will heißen: Weder Spinoza noch Rosenberg sind allein aus ihren Kindheitserfahrungen oder zeitgeschichtlichen Einbindungen begreifbar. Hierzu bedarf es einer archetypischen Perspektive, die deren ganz persönliche Geschichte und auch Tragik differenzierter abbilden könnte.

Der Preis, den beide Protagonisten in ihrem Leben gezahlt haben, war hoch. Halt und Gewissheit allein im Denken zu suchen und sie zuweilen auch zu finden, kann sich zu einer sehr einseitigen und auch gefährlichen Angelegenheit entwickeln.

Meines Erachtens feiert Yalom manchmal etwas zu sehr den Triumph des Geistes, die Möglichkeit, allein durch Einsicht in entwicklungsbedingte Konflikte zu einer Persönlichkeitsreifung zu kommen. Sicherlich betont er auch die Bedeutung, die der Beziehung sowohl in der normalen Entwicklung, wie auch in der analytischen Therapie zukommt. Die wandelnde Kraft der Emotionen, die ko-konstruierte und

nicht allein aus der Übertragung von primären Objekten sich konstituierende analytische Dyade oder auch Gruppe, die Aktivierung von archetypischen, heilenden Kräften, die mithilfe des Finalitätskonzeptes anschaulich beschrieben werden könnten, all diese Aspekte kommen jedoch in der Darstellung zu kurz.

Wenngleich der Autor dieser Rezension kein guter Kenner von Spinozas Schriften ist, hat dieser Roman zwiespältige Gefühle entfacht: zum einen ein deutliches Interesse daran, Spinoza genauer kennenzulernen, zum anderen eine gewisse Skepsis der Dominanz der Verstandesbetontheit seines Denkens gegenüber. Sympathie erweckt sicher bei vielen sein Gedanke, dass Gott sich in der Natur, auch der Natur des Menschen offenbare. Auch von dort ist der Weg zu Jung nicht sehr weit.

Ein Roman ist freilich kein Fachbuch und keine wissenschaftliche Positionierung. Dennoch könnte eine Anregung sein, sich etwa an einen Roman über die tragischen Auswirkungen der Freud-Jung-Zerwürfnisse zu machen, mit viel fiktionalen Beigaben, anders als der um Authentizität bemühte Film „Dunkle Begierde" von David Cronenberg und mit einer ebenso fiktionalen, zukunftsweisenden Wiederannäherung der gespaltenen Urhorden.

Volker Münch

Bildnachweis

Titelbild:
Eduard Theodor von Grützner,
1846-1925, Falstaff
www.wikimedia.com

Veranstaltungen:
Daniel Stricker (www.pixelio.de)
Echino (www.pixelio.de)
Grace Winter (www.pixelio.de)
M. Großmann (www.pixelio.de)

Wenn nicht anders angegeben
stammen alle sonstigen Abbildungen
aus lizenzfreien Quellen.
Sollte dies irrtümlich nicht der Fall sein,
bitten wir um Mitteilung.

opus magnum veranstaltet mit seinen Autoren und anderen namhaften Dozenten regelmäßig Vorträge, Seminare und Fortbildungen aus den Bereichen der Analytischen und Integrativen Psychologie, der Lebenskunst und Lebenskultur

- **Selbstverwirklichung und Lebenskunst**

Fortlaufende offene Veranstaltungsreihe mit 8 Modulen, die sich insbesondere mit Themen der Individuation, der Arbeit mit unbewussten Ausdrucksformen und der schöpferischen Lebensgestaltung beschäftigt:

Modul 01: **Am Anfang war die Sehnsucht**
Wünsche, Fantasien und Visionen als Quelle erfüllten Lebens
Ganztagsveranstaltung, 10.00 bis ca. 20:00 Uhr, Samstag, 15. Juni 2013

Modul 02: **„Ich habe einen Traum ..."**
Träume und Symbole als Wegweiser durchs Leben
Ganztagsveranstaltung, 10.00 bis ca. 20:00 Uhr, Samstag, 28. September 2013

Die Veranstaltungen werden interaktiv gestaltet von erfahrenen Psychotherapeuten unter Verwendung verschiedener Medien, Musikbeispiele, Filmausschnitte und praktischer Übungen. Sie finden im **Thalhaus in Wiesbaden** in idyllischer Lage statt (www.thalhaus.de)

Weitere Informationen und Anmeldungen über www.opus-magnum.de

Frühere Ausgaben

Jung Journal 28
Macht – Faszination und Tabu
August 2012

Jung Journal 23
Die Welt spielt
Februar 2010

Jung Journal 27
Weisheit
September 2012

Jung Journal 22
Um Himmels Willen – Auf der Suche nach einer zeitgemäßen Spiritualität
August 2009

Jung Journal 26
Woher kommt die Zukunft?
August 2011

Jung Journal 21
Mythos Kind
Februar 2009

Jung Journal 25
Geheimnis Nacht
Februar 2011

Jung Journal
19/20 Doppelheft
Stirb und Werde
September 2008

Jung Journal 24
Was für ein Glück!
August 2010

Jung Journal 18
Das Alter
September 2007

**Zu beziehen über den Buchhandel oder über www.amazon.de
Weitere Informationen über www.jung-journal.de**